CARTEA ULTIMEI DE BUCUTURI DE DIMINATEA

100 de brioșe, rulouri, biscuiți, pâine pentru micul dejun și multe altele

Denisa Dîrjan

Material cu drepturi de autor ©2024

Toate drepturile rezervate

Nicio parte a acestei cărți nu poate fi utilizată sau transmisă sub nicio formă sau prin orice mijloc fără acordul scris corespunzător al editorului și al proprietarului drepturilor de autor, cu excepția citatelor scurte utilizate într-o recenzie. Această carte nu trebuie considerată un substitut pentru sfaturi medicale, juridice sau alte sfaturi profesionale.

CUPRINS

CUPRINS 3
INTRODUCERE 6
BRIOȘE 8
   1. Briose Morning Glory 9
   2. Brioșe de plăcintă pecan 11
   3. Brioșe cu coacăze roșii 13
   4. Brioșe cu portocale și coacăze 15
   5. Briose cu tărâțe 17
   6. Briose cu cremă de brânză cu mere 19
   7. Brioșe cu coacăze morcovi 22
   8. Cutie de prânz brioșe cu spanac 25
   9. Mini brioșe cu afine cu Streusel 27
   10. Briose Limoncello 29
   11. Briose Mocha 31
   12. Muffin cu afine 33
   13. Muffin cu banane cu nuci 35
   14. Muffin cu zmeură și migdale 37
   15. Briose cu marshmallow 39
   16. Briose Dalgona 41
   17. Mini brioșe cu avocado și afine 43
   18. Mini briose cu ouă cutie de prânz 45
   19. Brioșe Oreo 47
   20. Briose cu iaurt cu ovăz 49
   21. Brioșe Mini Frittata învelite în prosciutto 51
ROLULE 53
   22. Rulouri de cafea portocalie 54
   23. Limonadă roz Rolli de scorțișoară 57
   24. Rulouri de ciocolată Oreo scorțișoară 59
   25. Rulouri cu scorțișoară Red Velvet 62
   26. Rulouri cu nuci pecan peste noapte 65
   27. Rulouri cu scorțișoară din cartofi 67
   28. Rulouri de scorțișoară cu frișcă pecan 70
   29. Rulouri cu scorțișoară cu sos de mere 72
   30. Rulouri cu scorțișoară portocalie 75
BISCUIT 77
   31. Biscuiți cu cartofi dulci 78
   32. Biscuiți cu zară 80
   33. Biscuiți pentru mic dejun pepperoni și cheddar 82
   34. Momente de topire a florilor de soc 84
   35. Biscuiți cu șuncă de țară 86

36. Sos de cârnați și biscuiți 88
PÂINI DE MIC DEJUN 90
37. Pâine cu banane cu condimente Chai 91
38. Pâine cu banane și condimente cu dovleac 94
39. Pâine cu banane cu scorțișoară 97
40. Pâine cu banane Açaí 100
41. Pâine dulce cu stafide 102
42. Pâine cu banane glazurate cu triple fructe de pădure 105
43. Pâine cu banane cu infuzie de afine 108
44. Pâine tropicală cu banane 110
45. Pâine cu banane și mango 113
46. Pâine cu banane din Pădurea Neagră 116
47. Pâine cu nucă de cocos amaretto 119
48. Pâine cu nuci de sfeclă 121
SANDWICHE-URI PENTRU MIC DEJUN 123
49. Mini Sandvișuri Caprese 124
50. Mini Sandvișuri cu salată de pui 126
51. Mini sandvișuri cu curcan și afine 128
52. Mini șuncă și brânză 130
53. Mini sandvișuri Veggie Club 132
54. Mini Sandvișuri cu castraveți și cremă de brânză 134
55. Mini sandvișuri cu somon afumat și mărar 136
56. Mini sandvișuri cu salată de ouă 138
57. Mini roast beef și sandvișuri cu hrean 140
58. Mini Sandvișuri cu Nasturel și Ridichi 142
BISCUIȚI 144
59. Scones Mimoza 145
60. Prăjituri de aniversare 147
61. Scones Cappuccino 150
62. Scones cu ghimbir și coacăze 153
63. Scones cu scorțișoară și nucă 155
64. Scones Limoncello 158
65. Scones de cafea cu scorțișoară 160
66. Scones cu nucă de cocos și ananas 162
67. Scones cu afine cu dovleac 165
68. Scones cu limonadă roz 167
69. Scones cu unt 169
70. Scones cu fructe ale pasiunii 171
71. Scones de mentă 173
72. Scones cu cireșe Amaretto 175
73. Toblerone Scones 177
74. Yuzu Scones 179
75. Scones cu fistic 181

- 76. Scones cu scorțișoară cu fulgi de ovăz 183
- 77. Margarita Scones 186
- 78. Scones cu făină de cocos cu glazură de zahăr 188
- 79. Scones cu ghimbir și coacăze 191

PRĂJITURI ÎN MINIATURĂ 193

- 80. Tort cu cafea cu visine 194
- 81. Mini pandișpan Victoria 196
- 82. Mini prăjitură cu lămâie 198
- 83. Mini Éclairs de ciocolată 200
- 84. Mini prajitura cu nuca de cafea 202
- 85. Mini prăjituri de ceai de după-amiază 204
- 86. Mini mușcături de tort de morcovi 207
- 87. Mini prajituri Red Velvet 209

CROSSANTE 212

- 88. Croasante cu pâine și unt cu Toblerone 213
- 89. Croissant Toblerone 215
- 90. Croissant cu Nutella și Banane 217
- 91. S'mores Croissants 219
- 92. Sandvișuri cu croissante pentru micul dejun 222
- 93. Croissant clasic de bacon, ou și brânză 224
- 94. Chifle lipicioase cu portocale, migdale 226
- 95. Croissant cu fistic 228
- 96. Croissant cu ciocolata cu alune 230
- 97. Croissant cu zmeură 232
- 98. Croissant cu piersici 234
- 99. Croissant cu capsuni acoperite cu ciocolata 236
- 100. Croissante din turtă dulce 238

CONCLUZIE 240

INTRODUCERE

Imaginați-vă că vă treziți cu aroma de delicii proaspăt coapte care plutește prin aer, ademenindu-vă să vă începeți ziua cu o notă delicioasă. Cele mai bune delicii de dimineață cuprind o multitudine de delicii, variind de la brioșe pufoase și rulouri de fulgi până la biscuiți cu unt și pâine copioasă pentru micul dejun, fiecare oferind o explozie de aromă și confort care dă tonul perfect pentru ziua care urmează.

Brioșele, cu textura lor moale și posibilitățile nelimitate de aromă, sunt răsfățurile de dimineață prin excelență. Indiferent dacă preferați afine clasice, chipsuri de ciocolată decadente sau spanac și feta sărate, există o brioșă care se potrivește fiecărei papile gustative. Aceste delicii portabile nu sunt doar convenabile pentru dimineţile aglomerate, ci și personalizabile pentru a se potrivi preferințelor dietetice, cum ar fi opțiunile fără gluten sau vegane.

Rulourile, fie că sunt scorțișoară, portocale sau nuci pecan lipicioase, îmbunătățesc experiența dimineții cu firimiturile lor fragede și umpluturile lipicioase. O mușcătură într-un rulou cald, proaspăt copt, dezvăluie straturi de dulceață și căldură, făcând imposibil să reziste timp de câteva secunde. Indiferent dacă sunt savurate alături de o ceașcă de cafea aburindă sau ca piesa centrală a unui brunch pe îndelete, rulourile adaugă o notă de răsfăț oricărei rutine de dimineață.

Biscuiții, cu straturile lor fulgioase și bogăția untoasă, sunt un aliment de bază îndrăgit al bucătăriei sudice și al meniurilor de dimineață deopotrivă. Indiferent dacă sunt combinați cu sos de cârnați savuros, stropiți cu miere sau umpluți cu brânză și ierburi, biscuiții oferă o combinație încântătoare de confort și satisfacție care lasă papilelor gustative să poată mai mult. Simplitatea ingredientelor zădărnicește complexitatea aromelor, făcând biscuiții un favori atemporal pentru pasionații de micul dejun.

Pâinea pentru micul dejun, cum ar fi pâinea cu banane, pâinea cu dovlecei și pâinea cu dovleac, oferă un început sănătos de zi cu textura lor umedă și dulceața naturală. Încărcate cu fructe, legume și nuci, aceste pâini nu sunt doar delicioase, ci și hrănitoare, oferind o sursă de energie și satisfacție care durează cu mult peste orele dimineții. Indiferent dacă este savurat simplu sau prăjit cu o bucată de unt, pâinea pentru micul dejun este o modalitate delicioasă de a încorpora ingrediente sănătoase în rutina ta de dimineață.

Dincolo de aceste clasice, lumea deliciilor de dimineață este vastă și variată, cuprinzând totul, de la scones și prăjituri cu cafea la cornuri și produse de patiserie daneze. Fiecare deliciu oferă propria sa alură unică, fie că este vorba de fulgimea unui croissant, de toppingul sfărâmicios al unui tort cu cafea sau de dulceața subtilă a unui scone. Cu posibilități infinite de explorat, deliciile supreme de dimineață promit să încânte și să inspire, transformând obișnuitul în extraordinar cu fiecare mușcătură delicioasă.

Brioș e

1. Briose Morning Glory

INGREDIENTE:
- 2 căni de făină universală
- 1¼ cană zahăr
- 2 lingurite de bicarbonat de sodiu
- 2 lingurite scortisoara
- ½ linguriță sare
- 2 cani de morcovi, curatati si rasi
- ½ cană stafide
- ½ cană nuci pecan tocate
- 3 oua, batute
- 1 cană ulei
- 1 măr, decojit, fără miez și mărunțit
- 2 lingurite extract de vanilie

INSTRUCȚIUNI:

a) Într-un castron mare, combinați făina, zahărul, bicarbonatul de sodiu, scorțișoara și sarea.

b) Se amestecă morcovii, stafidele și nucile pecan. Într-un castron separat, combinați ouăle, uleiul, mărul și vanilia.

c) Adăugați amestecul de ouă la amestecul de făină; se amestecă până când se combină. Puneți cu lingură în pahare de brioșe unse sau tapetate cu hârtie, umplându-le ¾.

d) Coaceți la 350 de grade timp de 15 până la 18 minute, până devin aurii.

2.Brioșe de plăcintă pecan

INGREDIENTE:
- 1 cană zahăr brun deschis, ambalat
- ½ cană făină universală
- 2 ouă, bătute
- ⅔ cani de unt, topit
- 1 cană nuci pecan tocate
- Opțional: jumătăți de nuci pecan

INSTRUCȚIUNI:

a) Într-un castron, amestecați toate ingredientele, cu excepția jumătăților de nuci pecan. Umpleți mini-cupele pentru brioșe unse cu ⅔.

b) Acoperiți fiecare cu o jumătate de nuci pecan, dacă folosiți.

c) Coaceți la 350 de grade timp de 12 până la 15 minute, până devin aurii.

3.Brioșe cu coacăze roșii

INGREDIENTE:
- 1 cană zahăr
- 2 căni de coacăze roșii
- 1 ½ cană de făină universală
- ½ cană făină integrală
- 1 lingura praf de copt
- ½ cană lapte
- 1 ½ linguriță extract de vanilie
- ½ cană unt, topit
- 2 oua bio, de marime mare
- ½ lingurita sare

INGREDIENTE OPȚIONALE
- Zahăr grosier pentru stropire
- ¼ cană de migdale tăiate

INSTRUCȚIUNI:

a) Tapetați formele de brioșe cu căptușeală și apoi preîncălziți cuptorul la 375 F în avans.

b) Apoi, amestecați făina cu praful de copt, zahărul și sarea într-un bol de amestecare de dimensiuni medii până la mari până se amestecă bine, lăsați amestecul deoparte.

c) Bateți laptele cu untul topit, extractul și ouăle într-o ceașcă de măsurare lichidă sau un castron de dimensiuni mici. Turnați acest amestec peste ingredientele uscate și continuați să amestecați ingredientele până când se combină. Îndoiți coacăzele, păstrați ½ cană de coacăze deoparte până deasupra.

d) Umpleți fiecare ceașcă de brioșe cu aproximativ ¾ cu aluatul pregătit și ornați fiecare ceașcă cu coacăze și zahăr sau migdale păstrate deoparte. Asigurați-vă că nu umpleți prea mult paharele. Coaceți în cuptorul preîncălzit până devine maro auriu și o scobitoare iese curată, timp de 25 până la 30 de minute.

4.Brioșe cu portocale și coacăze

INGREDIENTE:
- 2 ¼ căni de făină universală
- ¼ cană concentrat de suc de portocale, congelat și dezghețat
- 2 lingurite coaja de portocala, rasa
- ¾ cană lapte
- 1 ou putin batut, de marime mare
- ½ cană zahăr
- 3 lingurite praf de copt
- ¼ cană stafide sau coacăze
- 1 lingurita coaja de portocala, rasa
- 1/3 cană ulei vegetal
- 3 linguri de zahar
- ¼ lingurita sare

INSTRUCȚIUNI:
a) Tapetați o tavă de brioșe de dimensiuni standard cu căptușeală pentru brioșe și apoi preîncălziți cuptorul la 400 F.
b) Bateți laptele cu concentratul de suc, uleiul, oul și 2 lingurițe de coajă de portocală într-un castron mare până se omogenizează bine. Odată gata, adăugați făina, urmată de ½ cană de zahăr, praf de copt și sare până când făina este doar umezită, apoi adăugați coacăzele sau stafidele.
c) Împărțiți uniform aluatul pregătit între cupele pentru brioșe. Se amestecă 1 linguriță coajă de portocală și 3 linguri de zahăr apoi, se presară deasupra aluatul din căni.
d) Coaceți până devine maro auriu deschis, timp de 20 până la 25 de minute. Scoateți imediat din tigaie. Serviți imediat și savurați.

5.Briose cu tărâțe

INGREDIENTE:
- 2 cani de fulgi de cereale de tarate sau 1 ¼ cana de cereale
- ½ lingurita de vanilie
- 1 ¼ cană de făină universală
- ½ cană zahăr brun, ambalat
- 3 lingurite praf de copt
- 1 ou organic, de marime mare
- ¼ lingurita de scortisoara macinata
- ¼ cană ulei vegetal
- 1 1/3 cani de lapte
- ¼ lingurita sare

INSTRUCȚIUNI:
a) Umpleți fiecare cupă pentru brioșe cu o ceașcă de hârtie de copt și apoi preîncălziți cuptorul la 400 F în avans.
b) Apoi rulați cerealele într-o pungă mare de plastic resigilabilă folosind un sucitor și zdrobiți cerealele în firimituri fine.
c) Se amestecă cerealele zdrobite cu laptele, vanilia și stafidele într-un bol de amestecare de mărime medie până se amestecă bine. Lăsați să stea până când cerealele se înmoaie, timp de câteva minute. Bateți oul și uleiul folosind o furculiță.
d) Amestecați făina cu praful de copt, zahărul brun, scorțișoara și sarea într-un castron de mărime medie separat, până se amestecă bine. Amestecați amestecul de făină pregătit în amestecul de cereale până când făina este doar umezită. Împărțiți uniform cupele pregătite cu aluatul.
e) Coaceți până când o scobitoare iese curată, timp de 20 până la 25 de minute. Odată gata, se lasă să se răcească în tavă timp de 5 minute, se scoate pe un gratar și se lasă să se răcească complet. Serviți imediat și savurați.

6.Briose cu cremă de brânză cu mere

INGREDIENTE:
PENTRU STREUSEL
- 3 linguri de zahar brun, impachetate
- 1 lingura margarina sau unt, inmuiat
- 2 linguri de făină universală

PENTRU brioșe
- 1/3 cană cremă de brânză
- 1 măr, mare, decojit și mărunțit
- ¾ cană zahăr brun, ambalat
- ½ lingurita sare
- 1 ¾ cană de făină universală
- ¼ cană sos de mere
- 1 lingurita praf de copt
- ½ lingurita de scortisoara macinata
- 2 oua batute, de marime mare
- 2/3 cană ulei
- 1 lingurita de vanilie

INSTRUCȚIUNI:

a) Tapetați 15 căni de brioșe cu pahare de copt de hârtie și apoi preîncălziți cuptorul la 350 F în avans. Rezervați aproximativ 1 lingură de zahăr brun în brioșe pentru umplutură.

b) Apoi, combinați zahărul brun rămas cu 1 ¾ cană de făină, praful de copt, scorțișoara și sarea folosind un mixer electric într-un bol mare până se amestecă bine, la viteză mică. Rezervați 1 lingură de ou bătut pentru umplutură. Adăugați sosul de mere, uleiul, ouăle rămase și vanilia în amestecul de făină. Continuați să bateți ingredientele până se amestecă bine, la viteză medie. Odată gata, amestecați mărul folosind o lingură.

c) Acum, combinați crema de brânză cu zahărul brun ținut deoparte și oul rezervat într-un bol de amestecare de dimensiuni mici. Umpleți fiecare cupă de brioșe cu aluatul pregătit la aproximativ 2/3. Acoperiți fiecare cu 1 linguriță de amestec de cremă de brânză și apoi acoperiți cu o lingură din aluatul rămas. Combinați toate ingredientele pentru streusel într-un bol de amestecare de dimensiuni mici, presărați deasupra aluat.

d) Coaceți în cuptorul preîncălzit până când o scobitoare iese curată, timp de 22 până la 26 de minute. Scoateți din tavă și lăsați să se răcească puțin timp de 8 până la 10 minute.

7.Brioşe cu coacăze morcovi

INGREDIENTE:
- 1/3 cană zahăr brun la pachet
- ¼ cană iaurt grecesc simplu
- 1 cană de fulgi de ovăz de modă veche
- ½ lingurita de bicarbonat de sodiu
- 1 lingura otet
- ¼ linguriță ienibahar
- 1 cană de făină universală
- ¼ cană făină integrală sau făină integrală albă
- 1 lingurita praf de copt
- ¾ cană lapte fără lactate sau lapte normal
- 1 lingurita scortisoara macinata
- 1/8 lingurita nucsoara macinata
- ¼ cană sos de mere neîndulcit
- 1 ou organic, mare
- ¼ lingurita de vanilie
- 1/3 cană coacăze
- 1 cană morcovi, mărunțiți sau rasi
- ½ cană nuci de copt, tocate
- ¼ cană unt, topit și ușor răcit
- ¼ lingurita sare

INSTRUCȚIUNI:
a) Combinați ovăzul cu laptele, iaurtul și oțetul într-un bol de amestecare mare, amestecați bine ingredientele și lăsați să stea până când ovăzul se înmoaie, timp de o oră.
b) Apoi, ungeți ușor o tavă antiaderentă pentru brioșe cu unt și apoi preîncălziți cuptorul la 375 F în avans.
c) Combinați făină cu ienibahar, praf de copt, nucșoară, bicarbonat de sodiu, scorțișoară și sare într-un bol de amestecare de mărime medie separat.
d) Amestecați oul cu vanilie, sosul de mere, zahărul brun, untul, coacăzele și morcovii în vasul cu amestecul de ovăz, continuați să amestecați ingredientele folosind o furculiță până se incorporează bine.

e) Se amestecă ingredientele uscate și se cerne încet amestecul de făină pregătit în amestecul de morcovi folosind o sită sau o sită. Odată gata, amestecați bine ingredientele folosind o furculiță până se combină.
f) Odată gata, îndoiți imediat nucile.
g) Umpleți tava de brioșe pregătită cu aluatul pregătit la aproximativ ¾.
h) Coaceți în cuptorul preîncălzit pană când o scobitoare iese curată, timp de 15 până la 20 de minute. Puneți deoparte pe un grătar să se răcească complet. Serviți și savurați.

8.Cutie de prânz Brioșe cu spanac

INGREDIENTE:
- 2 căni de făină universală
- 1 lingura praf de copt
- ½ lingurita sare
- ½ linguriță de usturoi pudră
- ¼ lingurita piper negru
- 2 cani de spanac proaspat, tocat
- 1 cană lapte
- ¼ cană unt nesărat, topit
- 2 oua
- 1 cană brânză cheddar măruntită

INSTRUCȚIUNI:
a) Preîncălziți cuptorul la 375 ° F (190 ° C) și tapetați o tavă de brioșe cu folii de hârtie sau ungeți-o.
b) Într-un castron mare, amestecați făina, praful de copt, sarea, praful de usturoi și piperul negru.
c) Într-un blender sau robot de bucătărie, amestecați spanacul tocat, laptele, untul topit și ouăle până la omogenizare.
d) Se toarnă amestecul de spanac în bolul cu ingredientele uscate și se amestecă până se omogenizează.
e) Se amestecă brânza cheddar măruntită.
f) Împărțiți aluatul uniform între cupele de brioșe.
g) Coacem 15-18 minute, sau pana cand o scobitoare introdusa in centrul unei briose iese curata.
h) Lăsați brioșele să se răcească înainte de a le împacheta în cutia de prânz.

9.Mini brioșe cu afine cu Streusel

INGREDIENTE:
PENTRU brioșe:
- ¾ linguriță gumă xantan
- 1 cană afine, proaspete
- ¾ lingurita de bicarbonat de sodiu
- ½ cană zahăr
- 1 ½ cană amestec de făină de orez universal, fără gluten
- ½ linguriță praf de copt fără gluten
- 2 ouă bio, mari
- ¼ cană ulei de cocos topit
- ½ lingurita de scortisoara macinata
- 1 cană lapte de migdale
- ¼ lingurita sare

PENTRU STREUSEL:
- 2 linguri amestec de făină de orez universal, fără gluten
- ¼ de cană de ovăz, fără gluten
- 1 lingurita apa
- ¼ cană nuci, tocate
- 1 lingura ulei de cocos
- 1/3 cană zahăr brun deschis

INSTRUCȚIUNI:
a) Acoperiți ușor 24 de mini cupe de brioșe cu spray de gătit și apoi preîncălziți cuptorul la 350 F în avans.
b) Apoi, combinați toate ingredientele streusel într-un bol de amestecare de dimensiune medie până când se amestecă bine, puneți amestecul deoparte.
c) Combinați 1 ½ cană de amestec de făină cu praful de copt, guma xantană, bicarbonatul de sodiu, scorțișoara și sare într-un castron mare, batând bine cu un tel. Adăugați ingredientele rămase și, la sfârșit, adăugați afinele proaspete. Umpleți uniform paharele de brioșe cu aluatul pregătit. Acoperiți fiecare ceașcă cu o linguriță de streusel.
d) Coaceți în cuptorul preîncălzit până când o scobitoare iese curată, timp de 20 până la 25 de minute. Transferați pe un grătar și lăsați să se răcească timp de 10 minute, serviți și savurați.

10. Briose Limoncello

INGREDIENTE:
- 2 căni de făină universală
- ½ cană zahăr
- 1 lingura praf de copt
- ¼ lingurita sare
- ½ cană de unt topit
- ¾ cană lapte
- ¼ cană lichior Limoncello
- 2 ouă mari
- Coaja a 2 lămâi

INSTRUCȚIUNI:
a) Preîncălziți cuptorul la 375 ° F (190 ° C) și tapetați o tavă de brioșe cu folii de hârtie.
b) Într-un castron mare, combinați făina, zahărul, praful de copt și sarea.
c) Într-un alt castron, amestecați untul topit, laptele, Limoncello, ouăle și coaja de lămâie.
d) Turnați ingredientele umede în ingredientele uscate și amestecați până se omogenizează.
e) Împărțiți aluatul în mod egal între cupele de brioșe, umplându-le fiecare aproximativ ¾.
f) Coacem 18-20 de minute sau pana cand o scobitoare introdusa in centru iese curata.
g) Lăsați brioșele să se răcească în tavă câteva minute, apoi transferați-le pe un grătar pentru a se răci complet.

11. Briose Mocha

INGREDIENTE:
- 2 căni de făină universală
- ¾ cani plus 1 lingura de zahar
- 2½ lingurițe de praf de copt
- 1 lingurita scortisoara
- ½ linguriță sare
- 1 cană lapte
- 2 linguri plus ½ linguriță granule de cafea instant, împărțite
- ½ cană de unt, topit
- 1 ou, batut
- 1½ linguriță extract de vanilie, împărțit
- 1 cană mini chipsuri de ciocolată semidulce, împărțite
- ½ cană cremă de brânză, moale

INSTRUCȚIUNI:
a) Se amestecă făina, zahărul, praful de copt, scorțișoara și sarea într-un castron mare.
b) Amestecați laptele și 2 linguri de granule de cafea într-un castron separat până când cafeaua se dizolvă.
c) Adăugați untul, oul și o linguriță de vanilie; amesteca bine. Se amestecă ingredientele uscate până când se umezesc. Încorporați ¾ de cană chipsuri de ciocolată.
d) Umpleți cupe pentru brioșe unse sau tapetate cu hârtie ⅔ pline. Coaceți la 375 de grade timp de 17 până la 20 de minute. Se răcește timp de 5 minute înainte de a se scoate din tigăi pe grătarele de sârmă.
e) Combinați crema de brânză și granulele de cafea rămase, vanilia și fulgii de ciocolată într-un robot de bucătărie sau blender. Acoperiți și procesați până se omogenizează bine.
f) Serviți răcit tartinat în parte.

12.Muffin cu afine

INGREDIENTE:
- 4 linguri de făină universală
- 2 linguri de zahar granulat
- ⅛ linguriță de praf de copt
- Vârf de cuțit de sare
- 3 linguri lapte
- 1 lingura ulei vegetal
- ¼ lingurita extract de vanilie
- O mână de afine proaspete sau congelate

INSTRUCȚIUNI:

a) Într-o cană potrivită pentru cuptorul cu microunde, combinați făina universală, zahărul granulat, praful de copt și un praf de sare. Se amestecă bine pentru a se combina.

b) Adăugați în cană laptele, uleiul vegetal și extractul de vanilie. Se amestecă până când aluatul este omogen și nu rămân cocoloașe.

c) Îndoiți ușor afinele proaspete sau congelate în aluat, distribuindu-le uniform.

d) Pune cana în cuptorul cu microunde și gătește la putere mare aproximativ 1-2 minute, sau până când brioșa a crescut și s-a așezat la mijloc. Timpul exact de gătire poate varia în funcție de puterea cuptorului cu microunde, așa că fii atent la el.

e) Scoateți cu grijă cana din cuptorul cu microunde (poate fi fierbinte) și lăsați brioșa să se răcească un minut sau două înainte de a o savura.

f) Puteți mânca brioșa direct din cană sau folosiți o lingură pentru a o transfera pe o farfurie sau un bol.

g) Optional, puteti pudra blatul briosei cu zahar pudra sau il puteti stropi cu o glazura din zahar pudra si putin lapte pentru un plus de dulceata.

h) Bucurați-vă imediat de brioșa cu afine de casă, cât timp este încă caldă și delicioasă!

13. Muffin cu banane cu nuci

INGREDIENTE:
- 4 linguri de făină universală
- 2 linguri de zahar granulat
- ¼ lingurita de praf de copt
- Vârf de cuțit de sare
- ½ banană coaptă, piure
- 2 linguri de lapte
- 1 lingura ulei vegetal
- 1 lingura nuci tocate (optional)

INSTRUCȚIUNI:
a) Într-o cană potrivită pentru cuptorul cu microunde, amestecați făina, zahărul, praful de copt și sarea.
b) Adăugați piureul de banane, laptele și uleiul vegetal și amestecați până se omogenizează bine. Încorporați nucile tocate.
c) Puneți la microunde la putere mare timp de 1-2 minute sau până când brioșa este gătită.

14. Muffin cu zmeură și migdale

INGREDIENTE:
- 4 linguri de făină universală
- 2 linguri de zahar granulat
- ¼ lingurita de praf de copt
- Vârf de cuțit de sare
- 2 linguri de lapte
- 1 lingura ulei vegetal
- ¼ linguriță extract de migdale
- O mână de zmeură proaspătă sau congelată
- Migdale feliate pentru topping

INSTRUCȚIUNI:
a) Într-o cană potrivită pentru cuptorul cu microunde, amestecați făina, zahărul, praful de copt și sarea.
b) Adăugați laptele, uleiul vegetal și extractul de migdale și amestecați până se omogenizează bine.
c) Încorporați ușor zmeura. Puneți la microunde la putere mare timp de 1-2 minute sau până când brioșa este gătită.
d) Se presară migdale feliate.

15. Briose cu marshmallow

INGREDIENTE:
- 1 tub rulouri semiluna
- 8 bezele
- 3 linguri de unt, topit
- 3 linguri de zahar
- 1 lingurita scortisoara

INSTRUCȚIUNI:
a) Preîncălziți cuptorul la 375 de grade F. Ungeți 8 căni de brioșe.
b) Într-un castron mic, topește untul.
c) Într-un alt castron mic, combinați scorțișoara și zahărul.
d) Rulați marshmallow în unt topit; apoi rulați într-un amestec de scorțișoară-zahăr. Înfășurați într-un triunghi rulou semilună, asigurându-vă că se sigilați bine.
e) Puneți-le într-o tavă pregătită. Coaceți timp de 8-10 minute până se rumenesc.

16. Briose Dalgona

INGREDIENTE:
- 2 căni de făină universală
- ½ cană zahăr
- 1 lingura praf de copt
- ½ lingurita sare
- 1 cană lapte
- ½ cană ulei vegetal
- 2 oua
- 2 linguri cafea instant
- 2 linguri apa fierbinte

INSTRUCȚIUNI:
a) Preîncălziți cuptorul la 375°F (190°C) și tapetați o tavă de brioșe cu folii de hârtie.
b) Într-un bol de amestecare, combinați făina, zahărul, praful de copt și sarea.
c) Într-un castron separat, amestecați laptele, uleiul vegetal și ouăle.
d) Adăugați treptat ingredientele umede la ingredientele uscate, amestecând până se combină.
e) Într-un castron mic, amestecați cafeaua instant și apa fierbinte până devine spumos.
f) Îndoiți ușor spuma de cafea în aluat.
g) Umpleți fiecare ceașcă de brioșe cu aluatul la aproximativ ¾.
h) Coacem 18-20 de minute sau pana cand o scobitoare introdusa in centru iese curata.
i) Lăsați brioșele să se răcească înainte de a le servi.
j) Bucurați-vă de delicioasele brioșe Dalgona ca deliciu la micul dejun sau gustare!

17.Mini brioșe cu avocado și afine

INGREDIENTE:
- 1 cană de făină universală
- ½ cană de ovăz
- ½ cană zahăr
- 1 ½ linguriță de praf de copt
- ¼ lingurita sare
- 1 avocado copt, pasat
- ½ cană lapte
- 1 ou mare
- 1 lingurita extract de vanilie
- 1 cană de afine proaspete sau congelate

INSTRUCȚIUNI:
a) Preîncălziți cuptorul la 375 ° F (190 ° C) și tapetați o forma mini pentru brioșe cu folii de hârtie sau ungeți-o.
b) Într-un castron mare, amestecați făina, ovăzul, zahărul, praful de copt și sarea.
c) Într-un castron separat, amestecați piureul de avocado, laptele, oul și extractul de vanilie.
d) Adăugați ingredientele umede la ingredientele uscate și amestecați până când se combină.
e) Încorporați ușor afinele.
f) Turnați aluatul în mini-cupele de brioșe, umplându-le fiecare aproximativ trei sferturi.
g) Coacem 12-15 minute, sau pana cand o scobitoare introdusa in centrul unei briose iese curata.
h) Lăsați mini brioșele să se răcească înainte de a le împacheta în cutia de prânz.

18.Mini briose cu ouă cutie de prânz

INGREDIENTE:
- 6 ouă
- ¼ cană lapte
- ½ cană de brânză cheddar mărunțită
- ¼ de cană de legume tăiate cubulețe (ardei gras, spanac, ciuperci etc.)
- Sare si piper dupa gust

INSTRUCȚIUNI:
a) Preîncălziți cuptorul la 350°F (175°C) și ungeți o formă de mini briose.
b) Într-un castron, amestecați ouăle, laptele, sarea și piperul.
c) Se amestecă brânza și legumele tăiate cubulețe.
d) Turnați amestecul în tava de brioșe pregătită, umplând fiecare ceașcă pe aproximativ două treimi.
e) Coaceți 12-15 minute sau până când brioșele sunt întărite și ușor aurii.
f) Lăsați-le să se răcească înainte de a le împacheta în cutia de prânz.

19.Brioșe Oreo

INGREDIENTE:
- 1¾ cană făină universală
- ½ cană de zahăr
- 1 lingura praf de copt
- ½ lingurita Sare
- ¾ cană lapte
- ⅓ cană smântână
- 1 ou
- ¼ cană margarină, topită
- 20 de prăjituri de tip sandwich cu ciocolată Oreo, grosier

INSTRUCȚIUNI:
a) Într-un castron mediu, combinați făina, zahărul, praful de copt și sarea și lăsați deoparte.
b) Într-un castron mic, combinați laptele, smântâna și oul și amestecați în amestecul de făină cu margarina până când se omogenizează.
c) Amestecați ușor prăjiturile.
d) Turnați aluatul în 12 cești unsate cu unsoare de 2½ inci pentru brioșe.
e) Coaceți la 400F timp de 20 până la 25 de minute.
f) Scoateți din tavă și răciți pe un grătar. Serviți cald sau rece.

20.Briose cu iaurt cu ovăz

INGREDIENTE:
- 2¼ cani de faina de ovaz
- 1 lingura praf de copt
- ¾ lingurita sare
- ½ cană de îndulcitor uscat
- ⅔ cană lapte vegetal neîndulcit
- ½ cană de sos de mere neîndulcit
- ½ cană iaurt simplu de soia neîndulcit
- 2 lingurite extract pur de vanilie
- 1¼ cană fructe de pădure (cum ar fi afine, zmeură sau mure), tăiate la jumătate

INSTRUCȚIUNI:
a) Preîncălziți cuptorul la 350°F. Tapetați o tavă pentru brioșe de 12 căni cu căptușeală de silicon sau pregătiți o tavă antiaderență sau din silicon (vezi recomandări).
b) Într-un castron mediu de amestecare, cerne împreună făina, praful de copt, sarea și îndulcitorul uscat. Faceți o fântână în centru și turnați laptele vegetal, sosul de mere, iaurtul și vanilia. Amestecați ingredientele umede în godeu. Apoi amestecați ingredientele umede și uscate doar până când ingredientele uscate sunt umezite (nu amestecați în exces). Îndoiți fructele de pădure.
c) Umpleți fiecare ceașcă de brioșe la ¾ din timp și coaceți timp de 22 până la 26 de minute. Un cuțit introdus prin centru ar trebui să iasă curat.
d) Lăsați brioșele să se răcească complet, aproximativ 20 de minute, apoi treceți cu grijă un cuțit pe marginile fiecărei brioșe pentru a le îndeparta.

21.Brioșe Mini Frittata învelite în prosciutto

INGREDIENTE:
- 4 linguri de grasime
- ½ ceapă medie, tăiată mărunt
- 3 catei de usturoi, tocati
- ½ kilogram de ciuperci cremini, feliate subțiri
- ½ kilogram de spanac congelat, dezghețat și stors uscat
- 8 ouă mari
- ¼ cană lapte de cocos
- 2 linguri de faina de cocos
- 1 cană de roșii cherry, tăiate la jumătate
- 5 uncii de Prosciutto di Parma
- Sare cușer
- Piper proaspăt măcinat
- O formă obișnuită de brioșe de 12 căni

INSTRUCȚIUNI:
a) Preîncălziți cuptorul la 375°F.
b) Încinge jumătate din uleiul de cocos la foc mediu într-o tigaie mare de fontă și căliți ceapa până când se înmoaie și devine translucid
c) Adăugați usturoiul și ciupercile și gătiți-le până când umezeala ciupercilor s-a evaporat. Se condimenteaza apoi umplutura cu sare si piper si se pune pe o farfurie sa se raceasca la temperatura camerei
d) Pentru aluat, bate ouăle într-un castron mare cu lapte de cocos, făină de cocos, sare și piper până se amestecă bine. Apoi, adăugați ciupercile sotate și spanacul și amestecați pentru a se combina.
e) Ungeți restul de ulei de cocos topit pe tava de brioșe și tapetați fiecare ceașcă cu prosciutto, având grijă să acoperiți complet fundul și părțile laterale.
f) Dați brioșele la cuptor pentru aproximativ 20 de minute.

ROLULE

22.Rulouri de cafea portocalie

INGREDIENTE:
- 1 plic de drojdie uscată activă
- ¼ cană apă caldă
- 1 cană de zahăr, împărțit
- 2 ouă, bătute
- ½ cană smântână
- ¼ cană plus 2 linguri de unt, topit și împărțit
- 1 lingurita sare
- 2¾ până la 3 căni de făină universală
- 1 cană nucă de cocos fulgi, prăjită și împărțită
- 2 linguri coaja de portocala

GLAZURĂ:
- ¾ cani de zahar
- ½ cană smântână
- ¼ cană unt
- 2 lingurite suc de portocale

INSTRUCȚIUNI:

a) Combinați drojdia și apa caldă (110 până la 115 grade) într-un castron mare; se lasa sa stea 5 minute. Adăugați ¼ de cană de zahăr, ouăle, smântâna, ¼ de cană de unt și sare; bate la viteza medie cu un mixer electric pana se omogenizeaza.

b) Adăugați treptat suficientă făină pentru a obține un aluat moale. Întoarceți aluatul pe o suprafață bine făinată; framanta pana se omogenizeaza si elastic (aproximativ 5 minute).

c) Puneți într-un vas bine uns, răsucindu-se pe un blat uns. Acoperiți și lăsați să crească într-un loc cald (85 de grade), ferit de curenti de aer, timp de 1 oră și jumătate sau până când volumul dublează.

d) Loviți aluatul și împărțiți-l în jumătate. Rulați o porție de aluat într-un cerc de 12 inci; ungeti cu o lingura de unt topit.

e) Combinați zahărul rămas, nuca de cocos și coaja de portocală; presara jumatate din amestecul de nuca de cocos peste aluat. Tăiați în 12 felii; rulați fiecare pană, începând cu un capăt larg.

f) Puneți într-o tavă de copt unsă de 13"x9", cu partea în jos. Repetați cu aluatul rămas, untul și amestecul de nucă de cocos.

g) Acoperiți și lăsați să crească într-un loc cald, ferit de curenti de aer, timp de 45 de minute sau până când își dublează volumul. Coaceți la 350 de grade timp de 25 până la 30 de minute, până devin aurii. (Acoperiți cu folie de aluminiu după 15 minute pentru a preveni rumenirea excesivă, dacă este necesar.) Peste rulourile calde se pune Glazură caldă; se presara cu nuca de cocos ramasa.

GLAZURĂ:

h) Combinați toate ingredientele într-o cratiță mică; aduce la fierbere. Se fierbe 3 minute, amestecand din cand in cand.

i) Se lasa sa se raceasca putin.

23. Limonadă roz R olli de scorțișoară

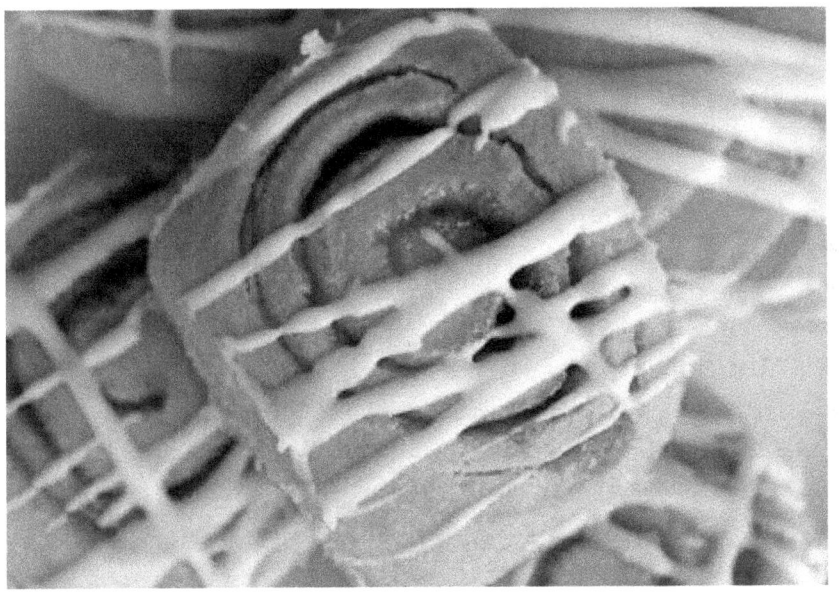

INGREDIENTE:
- 375 ml limonada roz
- 300 ml crema
- 4 căni de făină auto-crescătoare
- 50 g unt topit
- ¼ cană zahăr
- 1 lingurita scortisoara macinata
- ½ cană de făină simplă pentru a acoperi
- ½ lămâie suc
- 2 cani de zahar pudra

INSTRUCȚIUNI:
a) Puneți făina auto-crescătoare într-un castron mare, turnați smântâna și limonada roz și amestecați până se omogenizează.
b) Se răstoarnă pe o masă înfăinată.
c) Frământați ușor și apăsați sau întindeți într-un dreptunghi mare de aproximativ 1 cm grosime.
d) Ungeți cu unt topit și stropiți cu zahăr și scorțișoară.
e) Rotiți de la margine în mijloc pentru a face doi bușteni. Tăiați centrul pentru a face doi bușteni.
f) Tăiați în rondele de 1 cm.
g) Se coace la 220C timp de 10 minute.
h) Se amestecă zahărul pudră cu sucul de lămâie. Stropiți peste suluri.

24.Rulouri de ciocolată Oreo scorțișoară

INGREDIENTE:
ALUAT DE SCORȚISOARĂ
- ¼ cană apă caldă
- 2 linguri de zahar brun
- 2¼ lingurițe drojdie instant
- 2 ¾ căni de făină universală
- 2 linguri de zahar granulat
- ½ lingurita sare
- 3 linguri de unt nesarat, topit
- ½ cană lapte la alegere
- 1 ou mare

Umplutura de ciocolata OREO SCORTIZOR
- ¼ cană pudră de cacao
- ⅔ cană lapte la alegere
- 1 ½ cană chipsuri de ciocolată neagră
- 3 linguri de unt nesarat
- 24 Oreos, zdrobit
- 1 praf de sare de mare
- Glazură cu brânză cremă

INSTRUCȚIUNI:
ALUAT
a) Într-un castron mic, amestecați apa caldă, zahărul brun și drojdia.

b) Acoperiți cu un prosop curat de bucătărie și lăsați deoparte pentru a se activa. Veți ști că drojdia dvs. este activată atunci când apar bule mici pe suprafața amestecului.

c) Într-un castron mare separat, amestecați făina, zahărul, sarea, untul, laptele și oul.

d) Odată ce drojdia este activată, adăugați-o în bolul mare de amestecare cu celelalte ingrediente și amestecați până când se îmbină.

e) Acoperiți o suprafață curată și plană cu făină și folosiți mâinile acoperite cu făină pentru a frământa aluatul timp de 3 minute. Aluatul tău va fi lipicios, continuă să adaugi făină pe mâini și pe suprafață, după cum este necesar.

f) Puneți aluatul înapoi în bol și acoperiți-l cu un prosop curat de bucătărie pentru a crește timp de aproximativ zece minute.

UMPLERE

g) Într-un castron mare, care poate fi utilizat în cuptorul cu microunde, adăugați laptele, pudra de cacao, chipsurile de ciocolată neagră și untul. Se dă la microunde la foc mare timp de 1,5-2 minute, până când ciocolata se topesc. Bateți până la omogenizare. Adăugați un praf de sare.

h) Zdrobiți-vă Oreos într-un robot de bucătărie până devine praf fin.

i) Odată ce aluatul și-a dublat volumul, adăugați mai multă făină pe suprafața dvs. și folosiți un sucitor cu făină pentru a întinde aluatul într-o formă dreptunghiulară, de aproximativ 9 x 12 inci.

j) Turnați umplutura de ciocolată Oreo pe aluat și folosiți o spatulă pentru a o întinde uniform pe suprafață, lăsând o marjă de aproximativ ½ inch pe toate părțile. Deasupra presara Oreos zdrobit intr-un strat gros.

k) Lucrând din partea mai scurtă, folosiți două mâini pentru a începe să rulați strâns aluatul departe de dvs. până când rămâneți cu un cilindru, de aproximativ 12 inci lungime.

l) Tăiați cilindrul în 6 părți egale, de aproximativ 2 inci lățime pentru a crea 6 rulouri individuale de scorțișoară.

m) Adăugați rulourile cu scorțișoară într-un vas pătrat de copt de 11,5 inci, lăsând aproximativ un inch între fiecare rolă.

n) Acoperiți cu un prosop curat de bucătărie și lăsați rulourile să se odihnească aproximativ 90 de minute sau până când își dublează volumul.

o) Preîncălziți cuptorul la 375°F și coaceți timp de 25-30 de minute, până când vârfurile rulourilor sunt aurii.

p) Lăsați rulourile de scorțișoară Oreo să se răcească timp de aproximativ 10 minute înainte de a adăuga glazura. Bucurați-vă!

25.Rulouri cu scorțișoară Red Velvet

INGREDIENTE:
PENTRU ROLULE DE SCORȚISOARĂ
- 4½ linguriţe drojdie uscată
- 2-½ căni de apă caldă
- 15,25 uncii Cutie de amestec pentru tort Red Velvet
- 1 lingurita extract de vanilie
- 1 lingurita sare
- 5 căni de făină universală

PENTRU AMESTECUL DE ZAHAR SCORTIZOR
- 2 căni de zahăr brun la pachet
- 4 linguri scortisoara macinata
- ⅔ cană de unt înmuiat

PENTRU GLAURA DE BRÂNZĂ
- 16 uncii fiecare de cremă de brânză, înmuiată
- ½ cană de unt înmuiat
- 2 căni de zahăr pudră
- 1 lingurita extract de vanilie

INSTRUCȚIUNI:
a) Într-un castron mare, amestecați drojdia și apa până se dizolvă.
b) Adăugați amestecul de tort, vanilia, sare și făină. Se amestecă bine - aluatul va fi ușor lipicios.
c) Acoperiți strâns vasul cu folie de plastic. Lasam aluatul la crescut o ora. Tăiați aluatul și lăsați-l să crească din nou încă 45 de minute.
d) Pe o suprafață ușor înfăinată, rulați aluatul într-un dreptunghi mare de aproximativ ¼ inch grosime. Untul se întinde pe tot aluatul uniform.
e) Într-un castron mediu, combina zahărul brun și scorțișoara. Presărați amestecul de zahăr brun peste unt.
f) Se rostogolește ca un rulou, începând de pe marginea lungă. Tăiați în 24 de bucăți egale.
g) Ungeți două tavi de copt de 9 x 13 inci. Aranjați feliile de rulada de scorțișoară în tigăi. Se acopera si se lasa la crescut intr-un loc cald pana isi dubleaza volumul.
h) Preîncălziți cuptorul la 350°F.
i) Coaceți timp de 15-20 de minute sau până când este fiert.
j) În timp ce rulourile cu scorțișoară se coace, pregătiți glazura de brânză cremând crema de brânză și untul într-un bol mediu până devine cremoasă. Amestecați vanilia. Adăugați treptat zahărul pudră.

26.Rulouri cu nuci pecan peste noapte

INGREDIENTE:
- Pachete de 23,4 uncii de amestec instant de budincă cu unt
- 1 cană de zahăr brun, ambalat
- 1 cană nuci pecan tocate
- ½ cană de unt răcit
- 36 rulouri congelate, împărțite

INSTRUCȚIUNI:
a) Combinați amestecurile de budincă uscată, zahărul brun și nucile pecan într-un castron. Tăiați în unt; pus deoparte. Aranjați jumătate din rulourile congelate într-o tavă Bundt ușor unsă.
b) Presărați jumătate din amestecul de budincă deasupra. Repetați stratificarea cu rulourile rămase și amestecul de budincă. Acoperiți lejer; pune la frigider peste noapte.
c) Coaceți la 350 de grade timp de o oră. Se răstoarnă pe o farfurie de servire.

27. Rulouri cu scorțișoară din cartofi

INGREDIENTE:
- 1 kg de cartofi, fierți și piureați
- 2 cani de lapte
- 1 cană de unt
- 1 cană Plus 2 lingurițe de zahăr
- ¾ linguriță de semințe de cardamon
- 1 lingurita Sare
- 2 pachete de drojdie uscată
- ½ cană apă caldă
- 8½ cană de făină, necernută
- 2 oua
- 2 lingurite de vanilie

Umplutura cu scortisoara
- ¾ cană de zahăr
- ¾ cană zahăr brun
- 2 lingurițe de scorțișoară

GLAZĂ DE NUCI
- 3 căni de zahăr pudră
- ½ cana nuci tocate
- ¼ linguriță scorțișoară
- 2 lingurite Unt
- 4 până la 5 lingurițe de apă

INSTRUCȚIUNI:
a) Amestecați cartofii și laptele până la omogenizare. Adăugați ½ cană de unt, 1 cană de zahăr și sare. Se încălzește până la călduț.
b) Într-un castron mare combinați drojdia, apa și celelalte 2 lingurițe de zahăr. Se lasa sa stea pana se formeaza spuma.
c) Adăugați amestecul de cartofi, 4 căni de făină, ouăle și vanilia.
d) Bate până se omogenizează. Amestecați treptat încă 3½ până la 4 căni de făină. Întoarceți aluatul pe o placă înfăinată cu făină și frământați până când este omogen și elastic timp de 15 minute.
e) Adăugați mai multă făină dacă este necesar. Se lasa sa creasca 1 ora jumatate.
f) Loviți cu pumnul, îngenuncheați pentru a îndepărta bulele. Divide. Topiți untul rămas. Rulați fiecare porție de aluat într-un dreptunghi de 5x18. Ungeți cu 3 lingurițe de unt și stropiți cu jumătate din umplutura de scorțișoară.
g) Rulează. Tăiați în 12 bucăți, de 1 ½" lățime. Puneți într-o tavă de 9x13", ungeți cu unt și lăsați să crească 35-40 de minute. Se coace la 350 de grade timp de 30 de minute.

28.Rulouri de scorțișoară cu frișcă pecan

INGREDIENTE:
- 1 cană smântână pentru frișcă
- 1½ cani de faina universala
- 4 lingurițe Praf de copt
- ¾ lingurita Sare
- 2 linguri de unt sau margarina, topit
- Scorțișoară și zahăr
- ½ cană zahăr brun deschis
- ½ cană nuci pecan, tocate
- 2 linguri Frisca pentru frisca, sau lapte evaporat

INSTRUCȚIUNI:

a) Într-un castron mediu, bateți smântâna până se formează vârfuri moi. Se amestecă ușor făina, praful de copt și sarea până se formează un aluat. Pe o masă ușor înfăinată, frământați de 10 până la 12 ori. Se întinde într-un dreptunghi gros de 1/4 inch.

b) Întindeți untul topit pe toată suprafața. Stropiți cu scorțișoară și zahăr, cantitatea preferată. Rulați-vă ca o rolă de jeleu: Începând de la capătul lung. Tăiați în segmente de ¾ inch. Puneți pe o foaie de copt unsă și coaceți la 425F timp de 10-15 minute, sau până când se rumenesc foarte ușor.

c) Într-un castron mic, amestecați zahărul brun, nucile pecan și 2 linguri de smântână pentru frișcă până se omogenizează bine. Scoateți rulourile din cuptor. Întindeți toppingul pe fiecare rolă. Reveniți la cuptor și coaceți până când toppingul începe să bule aproximativ 5 minute.

29.Rulouri cu scorțișoară cu sos de mere

INGREDIENTE:
- 1 ou
- 4 căni de făină universală
- 1 pachet drojdie uscată activă
- ¾ cană sos de mere
- ½ cană lapte degresat
- 2 linguri de zahăr granulat
- 2 linguri de unt
- ½ lingurita sare

UMPLERE:
- ¼ cană sos de mere
- ⅓ cană zahăr granulat
- 2 lingurite de scortisoara macinata
- 1 cană zahăr cofetar
- ½ linguriță extract de vanilie
- 1 lingura lapte degresat

INSTRUCȚIUNI:
a) Preîncălziți cuptorul la 375 de grade F. Pulverizați două tigăi rotunde de 8 sau 9 inci cu spray de gătit.
b) Într-un castron mare, combinați 1½ c. făină universală și drojdie. Într-o cratiță mică, amestecați ¾ c. Sos natural de mere Mott, lapte degresat, 2 linguri de zahăr, unt și sare. Se încălzește la foc mediu și se amestecă până când se încălzește la 120 de grade F.
c) Întoarceți aluatul pe o suprafață ușor înfăinată. Frământați suficientă făină rămasă, până la ¼ c., pentru a obține un aluat moderat moale, neted și elastic.
d) Modelați aluatul într-o bilă. Puneți aluatul într-un castron stropit ușor cu spray de gătit
e) Loviți aluatul și răsturnați-l pe o suprafață ușor înfăinată. Acoperiți și lăsați să se odihnească 10 minute. Pe o suprafață ușor înfăinată, rulați aluatul într-un pătrat de 12 inci. Se întinde ¼ c. Sos natural de mere Mott. Combinați ⅓ c. zahăr și scortișoară; se presara peste aluat.

f) Aranjați 6 rulouri, cu partea tăiată în jos, în fiecare tavă. Acoperiți și lăsați să crească într-un loc cald până aproape că se dublează, aproximativ 30 de minute.
g) Coaceți timp de 20 până la 25 de minute sau până devin aurii. Se răcește timp de 5 min. Se răstoarnă pe o farfurie de servire. Stropiți cu un amestec de zahăr de cofetă, vanilie și lapte degresat. Serviți cald.

30.Rulouri cu scorțișoară portocalie

INGREDIENTE:
- 1 kg aluat de pâine congelat; dezghețat
- 3 linguri Faina
- 2 linguri de zahăr
- 1 lingurita scortisoara
- ½ cană zahăr pudră
- ½ linguriță coajă de portocală rasă
- 3 lingurite suc de portocale
- Spray cu ulei vegetal

INSTRUCȚIUNI:
a) Preîncălziți cuptorul la 375°. Rulați aluatul de pâine dezghețat pe o suprafață ușor înfăinată într-un dreptunghi de 12x8".
b) Pulverizati generos aluatul cu spray de ulei vegetal. Se amestecă zahărul cu scorțișoară și se presară uniform peste aluat. Rulați aluatul, începând cu capătul lung.
c) Sigilați cusătura și feliați aluatul în 12 bucăți, de 1 inch fiecare.
d) Pulverizați ușor o tavă rotundă de 9 inchi cu spray de gătit. Așezați bucățile de aluat în tavă, ținând cu cusătura în jos, spre fundul tavii.
e) Pulverizați partea de sus cu spray de gătit; se acopera si se lasa la crescut intr-un loc cald pana se dubleaza volumul, aproximativ 30 de minute.
f) Coaceți rulourile timp de 20-25 de minute până se rumenesc ușor. Se raceste putin si se scoate din tava.
g) În timp ce rulourile se răcesc, pregătiți glazura amestecând zahărul pudră, coaja de portocală și sucul.
h) Stropiți peste rulou și serviți cald.

BISCUIT

31.Biscuiți cu cartofi dulci

INGREDIENTE:
- 2 căni de făină auto-crescătoare
- 1 lingura zahar granulat
- ½ lingurita crema de tartru
- ⅛ linguriță sare cușer
- ½ cană (1 baton) unt rece nesărat, mărunțit (cu răzătoarea de brânză), plus mai mult pentru a acoperi biscuiții fierți
- ½ cană piure de cartofi dulci
- ¾ cană lapte de unt, rece
- Ulei vegetal, pentru ungere

INSTRUCȚIUNI
a) Preîncălziți cuptorul la 400 de grade F.
b) Într-un castron mare sau în bolul unui mixer cu stand, combinați făina, zahărul, crema de tartru și sarea. Cerneți sau bateți ingredientele până se combină bine. Adăugați untul și piureul de cartofi dulci și amestecați la viteză medie, folosind un mixer de mână sau cu stand, timp de aproximativ 2 minute. Începeți încet să turnați zara cu mixerul la viteză medie. Se amestecă până se încorporează.
c) Odată ce aluatul s-a format, scoateți-l din bol și aplatizați-l puțin (asigurați-vă că are o grosime de aproximativ 1 ½ inch) pe o suprafață ușor înfăinată folosind un sucitor. Tăiați aluatul în 10 sau 12 bucăți.
d) Ungeți ușor o tavă de copt de 9 pe 13 inci și puneți biscuiții în vas, lăsând un spațiu mic între fiecare biscuiți. Pune biscuitii la frigider pentru 10 minute pentru a obtine aluatul frumos si rece.
e) Scoateți din frigider și coaceți biscuiții timp de 12 până la 15 minute sau până când încep să se rumenească. Odată gata, ungeți cu unt deasupra biscuiților cât sunt încă calde. Serviți și bucurați-vă!

32. Biscuiți cu zară

INGREDIENTE:
- 2 căni de făină universală
- 2 lingurite praf de copt
- 1/2 lingurita de bicarbonat de sodiu
- 1/2 lingurita sare
- 1/2 cană unt rece nesărat, tăiat cubulețe
- 3/4 cană zară
- 2 linguri de unt topit (pentru periaj)

INSTRUCȚIUNI:
a) Preîncălziți cuptorul la 450°F (230°C). Tapetați o tavă de copt cu hârtie de copt.
b) Într-un castron mare, amestecați făina, praful de copt, bicarbonatul de sodiu și sarea.
c) Adăugați untul rece tăiat cubulețe în amestecul de făină. Folosiți degetele sau un tăietor de patiserie pentru a tăia untul în făină până când amestecul seamănă cu firimituri grosiere.
d) Faceți un godeu în centrul amestecului și turnați zara. Amestecați până se omogenizează. Aveți grijă să nu amestecați prea mult.
e) Întoarceți aluatul pe o suprafață ușor înfăinată. Frământați ușor aluatul de câteva ori pentru a-l aduna.
f) Întindeți aluatul până la o grosime de 1/2 inch. Folosiți un tăietor rotund pentru biscuiți pentru a tăia biscuiți și așezați-i pe foaia de copt pregătită.
g) Ungeți blatul biscuiților cu unt topit.
h) Coaceți timp de 10-12 minute sau până când biscuiții devin maro auriu.
i) Scoateți-le din cuptor și lăsați-le să se răcească câteva minute înainte de servire.

33.Biscuiți pentru mic dejun pepperoni și cheddar

INGREDIENTE:
- 2 căni de amestec de biscuiți (cumpărat din magazin sau de casă)
- ⅔ cană lapte
- ½ cană pepperoni tăiat cubulețe
- ½ cană de brânză cheddar mărunțită

INSTRUCȚIUNI:
a) Preîncălziți cuptorul conform instrucțiunilor din amestecul de biscuiți.
b) Într-un castron, combinați amestecul de biscuiți, laptele, pepperoni tăiați cubulețe și brânza cheddar mărunțită.
c) Puneți linguri de aluat pe o tavă de copt.
d) Coaceți conform instrucțiunilor din amestecul de biscuiți până când biscuiții devin maro auriu.

34. Momente de topire a florilor de soc

INGREDIENTE:
PENTRU BISCUITI:
- 200 g unt moale
- ¾ cană de zahăr pudră
- ½ linguriță Praf de copt
- 1 cană făină de porumb
- 1 cană de făină simplă

PENTRU GLAURA:
- 2 lingurite de unt moale
- 1 lingurita sirop de flori de soc (Monin)
- 1 cană de zahăr pudră

INSTRUCȚIUNI:
a) Preîncălziți cuptorul la 180°C.
b) Într-un castron, cremă împreună untul moale și zahărul pudră până când amestecul devine palid.
c) Cerneți făina simplă, făina de porumb și praful de copt, apoi amestecați aceste ingrediente uscate în amestecul cremă de unt și zahăr.
d) Rulați aluatul în bile mici și puneți-le pe o tavă de cuptor unsă. Apăsați ușor fiecare minge cu dinții unei furculițe.
e) Coaceți biscuiții timp de 15-20 de minute sau până când devin ușor aurii.
f) În timp ce biscuiții se coc, pregătiți glazura. Amestecați untul moale cu siropul de floare de soc. Cerneți zahărul pudră și adăugați-l în amestecul de unt-sirop. Adăugați suficientă apă clocotită pentru a obține o pastă netedă.
g) Odată ce biscuiții sunt copți și s-au răcit, întindeți glazura pe jumătate dintre ei.
h) Acoperiți fiecare biscuit cu gheață cu un alt biscuit pentru a crea un sandviș.
i) Această rețetă oferă 12 delicioase momente de topire a florilor de soc. Bucurați-vă!

35.Biscuiți cu șuncă de țară

INGREDIENTE:
- 2 căni de făină auto-crescătoare
- ½ cană plus 3 linguri de unt, împărțite
- 1 cana sunca fiarta, macinata
- 1½ cani de brânză Cheddar mărunțită
- ¾ cani plus 2 linguri de zară

INSTRUCȚIUNI:
a) Adăugați făină într-un castron. Tăiați ½ cană de unt cu un tăietor de patiserie sau cu o furculiță până când amestecul seamănă cu firimituri grosiere. Se amestecă șunca și brânza.
b) Adăugați zara; se amestecă cu o furculiță până se formează un aluat umed.
c) Puneți aluatul prin grămadă de lingurițe pe o tavă de copt unsă ușor.
d) Coaceți la 450 de grade timp de 10 până la 13 minute, până devin ușor aurii.
e) Topiți untul rămas și ungeți biscuiții fierbinți.

36.Sos de cârnați și biscuiți

INGREDIENTE:
- ½ cană făină universală
- 2 lire sterline. carnat de porc macinat, rumenit si scurs
- 4 cani de lapte
- sare si piper dupa gust

BISCUITI:
- 4 căni de făină auto-crescătoare
- 3 linguri praf de copt
- 2 linguri de zahar
- 7 linguri de scurtare
- 2 căni de zară

INSTRUCȚIUNI:
a) Într-o cratiță medie la foc mediu, presară făina cu cârnați, amestecând până se dizolvă făina.
b) Amestecați treptat laptele și gătiți la foc mediu până când devine groasă și clocotită. Asezonați cu sare și piper; serviti peste biscuiti calzi.

BISCUITI:
c) Cerne împreună făina, praful de copt și zahărul; tăiat în scurtătură.
d) Amestecați laptele cu o furculiță, doar până când aluatul este umezit.
e) Modelați aluatul într-o bilă și frământați de câteva ori pe o suprafață ușor înfăinată.
f) Se rulează până la o grosime de ¾ de inci și se taie cu un tăietor de biscuiți de 3 inchi.
g) Pune biscuitii pe o tava unsa cu unt.
h) Coacem la 450 de grade aproximativ 15 minute sau pana devin aurii.

PÂINI DE MIC DEJUN

37.Pâine cu banane cu condimente Chai

INGREDIENTE:
- 1 baton (½ cană) unt nesărat, înmuiat
- 1 cană zahăr granulat
- 2 oua mari, la temperatura camerei
- 1½ cană de făină universală, măsurată și nivelată cu un cuțit
- 1 lingurita de bicarbonat de sodiu
- ¾ linguriță cardamom măcinat
- ¾ lingurita scortisoara
- ¼ linguriță de ghimbir măcinat
- ¼ linguriță ienibahar
- ¾ lingurita sare
- 1 cană piure de banane foarte coapte (echivalent cu 2-3 banane)
- ½ cană smântână
- 1 lingurita extract de vanilie
- ½ cana nuci tocate (optional)

INSTRUCȚIUNI:
a) Preîncălziți cuptorul la 350 ° F (175 ° C) și ungeți cu generozitate o tavă de 9 x 5 inchi cu spray de gătit antiaderent.
b) Într-un castron mare sau folosind un mixer electric cu un atașament cu paletă, bateți untul înmuiat și zahărul împreună până când amestecul devine ușor și pufos. Acest lucru ar trebui să dureze aproximativ 2 minute. Adăugați ouăle pe rând, asigurând încorporarea completă după fiecare adăugare. Nu uitați să răzuiți părțile laterale ale vasului după cum este necesar.
c) Într-un bol separat de mărime medie, amestecați făina, bicarbonatul de sodiu, cardamomul, scorțișoara, ghimbirul, ienibaharul și sarea. Adăugați acest amestec uscat la amestecul de unt și bateți ușor până se combină.
d) Apoi, adăugați piureul de banane, smântâna și extractul de vanilie, amestecând la viteză mică până când ingredientele sunt complet integrate. Dacă folosiți nuci, pliați-le ușor în aluat.
e) Turnați aluatul pregătit în tava unsă. Coacem in cuptorul preincalzit pana cand painea devine maro auriu si un tester de prajituri introdus in centru iese curat. Acest lucru durează de obicei aproximativ 60-70 de minute.

f) Lăsați pâinea să se odihnească în tavă timp de aproximativ 10 minute înainte de a o transfera pe un grătar pentru a se răci complet. Pentru cea mai bună experiență, bucurați-vă de această pâine cu banane cât este încă caldă de la cuptor sau prăjiți-o pentru un răsfăț delicios.
g) Această pâine cu banane poate fi congelată până la 3 luni. Odată ce s-a răcit complet, înfășurați-l bine în folie de aluminiu, folie de congelare sau puneți-l într-o pungă de congelare. Când sunteți gata să îl savurați din nou, pur și simplu dezghețați-l peste noapte la frigider înainte de servire.

38. Pâine cu banane și condimente cu dovleac

INGREDIENTE:
PENTRU PÂINE:
- 2 banane prea coapte
- ¾ cană zahăr granulat
- ½ cană ulei vegetal
- 2 ouă mari
- ½ lingurita sare
- 1 lingurita extract de vanilie
- 1 lingurita de bicarbonat de sodiu
- 1 ½ linguriță de condiment pentru plăcintă de dovleac
- 7 linguri lapte acru
- 2 căni (248 g) de făină universală

PENTRU GLAZURI:
- 1 ¾ cană de zahăr pudră
- ¼ lingurita sare
- 1 lingurita de condiment pentru placinta cu dovleac
- 1 ½ linguriță extract de vanilie
- 2-3 linguri smantana grea pentru frisca

INSTRUCȚIUNI:

a) Preîncălziți cuptorul la 350°F (175°C). Ungeți o tavă de pâine de 9 x 5 inci sau 8 x 4 inci cu shortening sau unt și ungeți-o cu zahăr. Pentru a acoperi cu zahăr, ungeți mai întâi tava, apoi adăugați aproximativ 2 linguri de zahăr în tigaie.

b) Înclinați tigaia dintr-o parte în alta până când fundul și părțile laterale sunt acoperite uniform cu zahăr. Nu înlocuiți spray-ul de gătit cu unt. Puteți folosi spray de gătit singur dacă preferați să săriți peste etapa de zahăr.

c) Într-un castron mare, zdrobiți bananele folosind o furculiță sau un zdrobitor de cartofi. Se amestecă uleiul vegetal, zahărul granulat și ouăle folosind o lingură de lemn sau o spatulă. Pune amestecul deoparte.

d) Adăugați condimentul pentru plăcinta de dovleac, sarea, bicarbonatul de sodiu și extractul de vanilie la amestecul de banane și amestecați până se combină bine.

e) Se amestecă făina universală și laptele acru, amestecând până se încorporează. Turnați aluatul în tava pregătită.
f) Coacem in cuptorul preincalzit pentru 45-60 de minute sau pana cand o scobitoare introdusa in centru iese curata. Marginile vor avea o culoare frumoasă maro închis și va exista o crăpătură în centru. Gama largă de timpi de gătire se datorează variațiilor de performanță a cuptorului. Asigurați-vă că utilizați o tigaie de metal, nu de sticlă.
g) Lăsați pâinea să se răcească complet în tigaie înainte de a o îndepărta și de a o glazura.

PENTRU GLAURA:

h) Într-un castron mediu, amestecați zahărul pudră, condimentul pentru plăcintă de dovleac și sarea.
i) Se amestecă extractul de vanilie și 1 lingură de smântână grea pentru frișcă, adăugând mai multă smântână după cum este necesar pentru a obține consistența dorită (până la 3 linguri).
j) Înghețați pâinea cu banane și lăsați-o să se întărească. Păstrați pâinea congelată într-un recipient ermetic timp de până la 3 zile sau feliați și congelați până la 1 lună. Bucurați-vă!

39.Pâine cu banane cu scorțișoară

INGREDIENTE:
PENTRU PÂINE:
- ½ cană unt nesărat, înmuiat (115 grame)
- ½ cană zahăr granulat (100 grame)
- ¼ cană zahăr brun deschis (50 grame)
- 2 oua mari, la temperatura camerei
- 1 lingurita extract pur de vanilie
- 2 căni de banane piure (440 de grame; aproximativ 4 banane mari)
- 2 căni de făină universală, lingurată și nivelată (250 grame)
- 1 lingurita praf de copt
- ½ lingurita de bicarbonat de sodiu
- 1 lingurita scortisoara macinata
- ½ lingurita sare

Vârtej de zahăr cu scorțișoară:
- ¼ cană zahăr granulat (50 grame)
- 2 lingurite de scortisoara macinata

INSTRUCȚIUNI:
a) Preîncălziți cuptorul la 350°F (180°C). Ungeți o tavă de 9 x 5 inci cu spray de gătit antiaderent, tapetați-o cu hârtie de copt și lăsați-o deoparte.
b) Într-un castron mare, folosind un mixer portabil sau un mixer cu suport prevăzut cu accesoriul cu paletă, bateți untul moale, zahărul granulat și zahărul brun până când amestecul devine ușor și pufos, ceea ce ar trebui să dureze aproximativ 3 până la 4 minute.
c) Adăugați ouăle și extractul de vanilie, amestecând bine după fiecare adăugare. Apoi, încorporează bananele piure în amestec.
d) Într-un castron separat, amestecați făina universală, praful de copt, bicarbonatul de sodiu, sarea și scorțișoara măcinată.
e) Combinați ingredientele uscate cu ingredientele umede, având grijă să nu amestecați prea mult aluatul.
f) Pentru a crea vârtejul de zahăr cu scorțișoară, amestecați zahărul granulat și scorțișoara măcinată într-un castron separat.
g) Pentru un singur strat de zahăr cu scorțișoară, turnați aproximativ jumătate din aluatul de pâine cu banane în tava, presărați

deasupra amestecul de zahăr cu scorțișoară și apoi turnați deasupra aluatul rămas.

h) Pentru un strat dublu de zahăr cu scorțișoară, turnați aproximativ o treime din aluat în tava de pâine, presărați deasupra jumătate din amestecul de zahăr cu scorțișoară și repetați straturile, terminând cu ultima treime din aluat.

i) Coaceți timp de 55 până la 65 de minute sau până când o scobitoare introdusă în centru iese curată. Dacă pâinea cu banane începe să se întunece prea mult, acoperiți-o cu folie de aluminiu în ultimele 15 până la 20 de minute de coacere.

j) Odată copt, scoateți pâinea cu banane din cuptor și lăsați-o să se răcească în tava pentru pâine timp de 10 minute. După aceea, transferați-l pe un grătar pentru a termina răcirea.

40. Pâine cu banane Açaí

INGREDIENTE:
- Piure de acai
- ½ cană de unt vegan
- 1 cană de zahăr vegan
- 3 banane coapte foarte mari
- 2 echivalente de înlocuire a ouălor
- ½ lingurita de vanilie
- ½ linguriță suc de lămâie
- 1 ½ cană făină nealbită
- 1 ½ linguriță apă fierbinte

INSTRUCȚIUNI:
a) Preîncălziți cuptorul la 350 de grade.
b) Pentru a pregăti, ungeți cu unt o tavă standard, pisați bananele până la omogenizare cu câteva bucăți și separați albușurile și gălbenușurile în două boluri diferite.
c) Crema untul si zaharul impreuna intr-un castron mare. Adăugați bananele, gălbenușurile de ou, vanilia, sucul de lămâie și bicarbonatul de sodiu și amestecați bine, apoi amestecați făina până se omogenizează.
d) Bate albusurile spuma pana se taie, apoi amesteca usor in aluat pana se omogenizeaza. La sfârșit, amestecați cu apă fierbinte.
e) Turnați jumătate din aluat în tava de pâine, adăugați pachetul de Açaí pentru a face un strat mijlociu, apoi turnați aluatul rămas pentru a umple.
f) Folosind o frigarui de lemn sau un alt dispozitiv de forma similara, amestecati usor aluatul intr-o miscare circulara pentru a face involburari de açaí.
g) Coaceți aproximativ 45 de minute sau până când o scobitoare introdusă în centru iese curată.
h) Lasam sa se raceasca 15 minute si servim.

41.Pâine dulce cu stafide

INGREDIENTE:
- ½ cană de unt, înmuiat
- ½ cană de scurtare
- 2¼ cană de zahăr, împărțit
- 3 oua, batute
- 2 lingurite extract de vanilie
- 2 plicuri de drojdie uscata activa
- 1 cană apă caldă
- 8 căni de făină universală
- ½ linguriță sare
- 2 cani de lapte caldut
- Stafide pachet de 16 uncii
- ½ cană unt, topit

INSTRUCȚIUNI:
a) Amestecați untul și scurtarea într-un castron foarte mare. Adăugați treptat 2 căni de zahăr, ouă și vanilie, bătând bine după fiecare adăugare.
b) Combinați drojdia și apa caldă (110 până la 115 grade) într-o cană; se lasa sa stea 5 minute.
c) Se amestecă făina și sarea. Cu o lingură mare de lemn, amestecați treptat făina și sarea în amestecul de unt alternativ cu amestecul de drojdie și laptele cald.
d) Amesteca bine; se amestecă stafidele. Întoarceți aluatul pe o suprafață cu făină.
e) Frământați, adăugând făină suplimentară până când aluatul este neted și elastic.
f) Întoarceți aluatul în bol. Pulverizați ușor aluatul cu spray de legume antiaderent; acoperiți cu hârtie ceară și un prosop. Lăsați să crească timp de 6 până la 8 ore sau peste noapte, până se dublează volumul.
g) Pumni în jos; împărțiți în 6 porții egale și puneți-le în 6 forme de pâine de 9"x5" unse. Se acopera si se lasa din nou la crescut pana se rotunjeste, 4 pana la 6 ore.
h) Stropiți unt topit peste pâini; presarati fiecare paine cu 2 lingurite de zahar ramas.
i) Coacem la 350 de grade timp de 30 de minute, sau pana cand o scobitoare introdusa in centru iese curata. Se răcește pe gratele de sârmă.

42. Pâine cu banane glazurate cu triple fructe de pădure

INGREDIENTE:
PENTRU PÂINEA DE BANANA:
- 6 linguri de unt nesarat, topit si putin racit
- 2 căni de făină universală
- ¾ cană zahăr
- ¾ lingurita de praf de copt
- ½ lingurita sare
- 2 ouă mari
- 1 ½ cană de banane coapte piure (aproximativ 4 banane medii)
- ¼ cană iaurt grecesc simplu
- 1 lingurita extract de vanilie
- 2 cesti amestecate de afine, zmeura si mure, impartite

PENTRU GLAZA DE LAMAIE:
- Suc de o jumătate de lămâie (aproximativ 3 linguri)
- ½ cană de zahăr pudră (sau mai mult dacă vrei o glazură mai groasă)

INSTRUCȚIUNI:
a) Preîncălziți cuptorul la 350°F (175°C). Ungeți o tavă de 9 x 5 inci.
b) Într-un castron mare, combinați făina, zahărul, praful de copt și sarea.
c) Într-un castron separat, combinați ouăle, piureul de banane, iaurtul și untul topit (puțin răcit), împreună cu vanilia. Bateți până la omogenizare.
d) Faceți un godeu în centrul amestecului de făină și turnați amestecul de banane. Amestecați ușor până se omogenizează, având grijă să nu amestecați prea mult.
e) Încorporați ușor 1 ½ cană de fructe de pădure amestecate, rezervând ½ cană pentru topping.
f) Turnați aluatul în tava de pâine pregătită. Presărați fructele de pădure rămase deasupra, apăsându-le ușor în aluat.
g) Coaceți până când pâinea este maro aurie și o scobitoare introdusă în centru iese curată, ceea ce ar trebui să dureze aproximativ 1 oră până la 1 oră 15 minute.
h) Lăsați pâinea să se răcească în tavă timp de 5 minute, apoi răsturnați-o ușor pe un grătar. Se lasa sa se raceasca complet inainte de a taia.

PENTRU GLAZUREA DE LAMAIE,
i) Se amestecă sucul de lămâie și zahărul pudră până se omogenizează.
j) Stropiți această glazură deasupra pâinii chiar înainte de servire.

43.Pâine cu banane cu infuzie de afine

INGREDIENTE:
- 2 căni de făină universală
- 1 lingurita de bicarbonat de sodiu
- 4 banane coapte
- 1 ou mare
- 1 lingurita extract de vanilie
- ½ cană zahăr
- ½ cana unt nesarat (1 baton), topit
- 1 lingurita scortisoara (optional)
- 1 cană de afine proaspete

INSTRUCȚIUNI:
a) Preîncălziți cuptorul la 350°F (175°C).
b) Într-un castron mediu, combinați făina universală și bicarbonatul de sodiu. Pune acest amestec deoparte.
c) Într-un castron mare, zdrobiți bananele coapte folosind o furculiță. Adăugați oul mare și extractul de vanilie și amestecați-le bine.
d) Incorporati zaharul si untul topit in amestecul de banane. Dacă doriți, adăugați scorțișoară în această etapă.
e) Adăugați treptat amestecul de făină la amestecul de banane, amestecând până când se combină.
f) Îndoiți ușor afinele proaspete în aluat.
g) Pulverizați o tavă de pâine cu ulei sau ungeți-o, apoi turnați aluatul în tigaie.
h) Coaceți la 350 ° F (175 ° C) timp de 65-75 de minute sau până când pâinea devine maro aurie.
i) Răsfățați-vă cu această delicioasă pâine cu banane cu infuzie de afine, unde combinația de banane coapte și afine suculente creează o armonie perfectă de arome. Bucurați-vă!

44.Pâine tropicală cu banane

INGREDIENTE:
PÂINE:
- 1 ½ cană de făină universală nealbită
- 2 lingurite praf de copt
- 1 praf de sare
- Cutie de 14 uncii de ananas zdrobit
- 3 oua
- 1 ¼ cană de zahăr
- 1 lingurita extract de vanilie
- ½ cană unt nesărat, topit și răcit
- 1 cană de banane foarte coapte, zdrobite cu o furculiță
- 2 linguri suc de lamaie
- ½ cană de nucă de cocos măruntită neîndulcit

SIROP:
- ½ cană zahăr
- ¼ cană suc de lămâie
- ½ cană nucă de cocos măruntită neîndulcită, ușor prăjită

INSTRUCȚIUNI:
PENTRU PÂINE:
a) Preîncălziți cuptorul la 350°F (180°C). Ungeți cu unt două tavi de șase cești (1,5 litri) de 10 x 4 inchi (25 x 10 cm) și tapetați fiecare cu o foaie de hârtie de pergament, lăsându-i să atârne pe ambele părți.
b) Într-un castron, combinați făina, praful de copt și sarea. Pune acest amestec uscat deoparte.
c) Scurgeți ananasul folosind o sită, apăsându-l cu o oală pentru a extrage cât mai mult lichid. Pune deoparte ananasul scurs și rezervă sucul pentru o altă utilizare.
d) Într-un alt castron, folosește un mixer electric pentru a bate ouăle, zahărul și vanilia până când amestecul își dublează volumul și cade în panglici din batător, ceea ce ar trebui să dureze aproximativ 10 minute. Se amestecă untul topit.
e) Adăugați bananele piure și sucul de lămâie, amestecând până când amestecul devine omogen. Se amestecă ingredientele uscate, nuca de cocos măruntită și ananasul scurs.

f) Întindeți aluatul uniform în tigăile pregătite. Coaceți aproximativ 40 de minute sau până când o scobitoare introdusă în centrul pâinii iese curată.
g) Lăsați pâinile să se răcească pe un grătar.

PENTRU SIROP:
h) Într-o cratiță mică, aduceți zahărul și sucul de lămâie la fiert. Se fierbe aproximativ 2 minute sau până când zahărul se dizolvă complet.
i) Se amestecă nuca de cocos mărunțită ușor prăjită.
j) Turnați siropul peste prăjiturile calde și lăsați-l la macerat timp de 30 de minute.
k) Bucurați-vă de gustul tropicelor cu această pâine tropicală cu banane! Este o felie de paradis la fiecare înghițitură.

45. Pâine cu banane și mango

INGREDIENTE:
- 1 cană zahăr
- ½ cana de unt nesarat, la temperatura camerei
- 2 ouă mari
- 2 banane coapte
- ½ mango copt, tăiat cuburi
- 1 lingura de lapte
- 1 lingurita scortisoara macinata
- 2 căni de făină
- 1 lingurita praf de copt
- 1 lingurita de bicarbonat de sodiu
- 1 lingurita sare
- ¾ lingurita extract de vanilie

INSTRUCȚIUNI:
a) Preîncălziți cuptorul la 325 de grade Fahrenheit (163 de grade Celsius). Unge sau tapetează o tavă de pâine.
b) Într-un castron mare, amestecați zahărul și untul la temperatura camerei până când amestecul devine ușor și pufos.
c) Adaugam ouale pe rand, batand bine dupa fiecare adaugare.
d) Într-un castron mic, zdrobiți bananele coapte folosind o furculiță.
e) Se amestecă laptele, scorțișoara măcinată și extractul de vanilie în piureul de banane până se combină bine.
f) Îndoiți ușor mango cubulețe în amestecul de banane. Pune acest amestec deoparte.
g) Într-un alt castron, amestecați făina, praful de copt, bicarbonatul de sodiu și sarea.
h) Adăugați amestecul de banane-mango la amestecul de zahăr cremă și unt și amestecați până se omogenizează totul.
i) La final, adăugați ingredientele uscate și amestecați până se formează un aluat uniform.
j) Turnați aluatul în tava de pâine pregătită și neteziți partea superioară.
k) Coaceți aproximativ 65-75 de minute sau până când o scobitoare introdusă în centru iese curată.
l) Lăsați pâinea cu banană și mango să se răcească pe o foaie de copt înainte de a o scoate din vasul de copt pentru a evita crăparea deasupra.

46.Pâine cu banane din Pădurea Neagră

INGREDIENTE:
PENTRU PÂINEA DE BANANA:
- 3 banane coapte, piure
- ½ cană unt nesărat, topit
- 1 cană zahăr granulat
- 2 ouă mari
- 1 lingurita extract de vanilie
- 1 ½ cană de făină universală
- ¼ cană pudră de cacao
- 1 lingurita de bicarbonat de sodiu
- ½ lingurita sare
- ½ cană chipsuri de ciocolată semidulce

PENTRU GARNIREA PĂDURII NEGRE:
- 1 cană cireșe proaspete, fără sâmburi și tăiate la jumătate
- ¼ cană zahăr granulat
- ¼ cană apă
- 1 lingura amidon de porumb
- Frisca (pentru servire, optional)

INSTRUCȚIUNI:
a) Preîncălziți cuptorul la 350°F (175°C). Unge și făină o tavă de 9 x 5 inci.
b) Într-un castron, zdrobiți bananele coapte cu o furculiță până se omogenizează.
c) Într-un castron mare separat, amestecați untul topit și zahărul granulat până se combină bine.
d) Adăugați ouăle și extractul de vanilie la amestecul de unt și zahăr și amestecați până la omogenizare.
e) Într-un alt castron, cerne împreună făina universală, pudra de cacao, bicarbonatul de sodiu și sarea.
f) Adăugați treptat ingredientele uscate la ingredientele umede, amestecând până se combină. Nu amestecați în exces.
g) Încorporați ușor fulgii de ciocolată semidulce.
h) Turnați aluatul de pâine cu banane în tava de pâine pregătită.
i) Coacem in cuptorul preincalzit 60-70 de minute sau pana cand o scobitoare introdusa in centru iese curata.

j) În timp ce pâinea cu banane se coace, pregătiți toppingul din Pădurea Neagră. Într-o cratiță, combinați cireșele fără sâmburi și tăiate în jumătate, zahărul granulat și apa. Aduceți la fiert la foc mediu.
k) Într-un castron mic, amestecați amidonul de porumb cu o lingură de apă pentru a crea o pastă. Adăugați acest suspensie la amestecul de cireșe care fierbe și amestecați până când sosul se îngroașă. Se ia de pe foc si se lasa sa se raceasca.
l) Odată ce pâinea cu banane s-a copt, scoateți-o din cuptor și lăsați-o să se răcească în tavă aproximativ 10 minute înainte de a o transfera pe un grătar pentru a se răci complet.
m) Odată ce pâinea cu banane s-a răcit, puneți toppingul de cireșe Pădurea Neagră peste pâine.
n) Opțional, serviți felii de pâine cu banane din Pădurea Neagră cu o praf de frișcă.

47.Pâine cu nucă de cocos amaretto

INGREDIENTE
- 4 uncii Tofu
- 1 cană de zahăr
- ¼ cană Amaretto
- 14 uncii lichide de lapte de cocos
- 2½ cană de făină
- ½ lingurita Sare
- 1 lingura Praf de copt
- 1 cană fulgi de cocos neîndulciți

INSTRUCȚIUNI
a) Preîncălziți cuptorul la 350 F. Ungeți o tavă de 9" x 5" x 3".
b) Amestecați bine tofu și zahărul într-un mixer electric sau zdrobindu-le într-un castron mare cu ustensilele alese. :-)
c) Amestecați Amaretto și laptele de cocos în tofu până se omogenizează bine.
d) Între timp, cerne împreună făina, sarea și praful de copt. Adăugați fulgi de nucă de cocos, apoi adăugați ingrediente uscate în amestecul lichid și amestecați bine.
e) Turnați aluatul în tava pregătită. Coaceți până când este gata, aproximativ 50 de minute.
f) Se răcește ușor înainte de a le scoate din tigaie.

48.Pâine cu nuci de sfeclă

INGREDIENTE:
- ¾ cană scurtare
- 1 cană de zahăr
- 4 ouă
- 2 lingurite de vanilie
- 2 căni de sfeclă mărunțită
- 3 căni de făină
- 2 lingurițe Praf de copt
- 1 lingurita de bicarbonat de sodiu
- ½ linguriță scorțișoară
- ¼ linguriță nucșoară măcinată
- 1 cana nuci tocate

INSTRUCȚIUNI:
a) Bate scurtarea și zahărul până devine ușor și pufos. Amestecați ouăle și vanilia. Se amestecă sfecla.
b) Adăugați ingrediente uscate combinate; amesteca bine. Se amestecă nucile.
c) Se toarnă într-o tavă de 9x5" unsă și făinată.
d) Coaceți la 350'F. timp de 60-70 de minute sau pana cand scobitoarea de lemn introdusa in centru iese curata.
e) Se răcește timp de 10 minute; scoateți din tigaie.

SANDWICHE-uri pentru mic dejun

49.Mini Sandvișuri Caprese

INGREDIENTE:
- 12 mini chifle glisante sau rulouri
- 12 felii de brânză mozzarella proaspătă
- 2 roșii, feliate
- Frunze de busuioc proaspăt
- Glazură balsamică
- Sare si piper dupa gust

INSTRUCȚIUNI:
a) Tăiați mini chiflele glisante sau rulourile în jumătate pe orizontală.
b) Așezați o felie de brânză mozzarella, o felie de roșie și câteva frunze de busuioc pe jumătatea inferioară a fiecărei chifle.
c) Stropiți cu glazură balsamică și asezonați cu sare și piper.
d) Puneți jumătatea superioară a chiflei pe umpluturi.
e) Asigurați mini sandvișurile cu scobitori, dacă doriți.
f) Serviți și bucurați-vă de aceste sandvișuri Caprese răcoritoare.

50.Mini Sandvișuri cu salată de pui

INGREDIENTE:
- 12 mini cornuri sau chifle mici
- 2 cesti piept de pui fiert, maruntit sau taiat cubulete
- ½ cană maioneză
- 1 lingură muștar de Dijon
- ¼ cană țelină, tocată mărunt
- 2 cepe verde, feliate subțiri
- Sare si piper dupa gust

INSTRUCȚIUNI:
a) Într-un castron, amestecați pieptul de pui mărunțit sau tăiat cubulețe, maioneza, muștarul de Dijon, țelina și ceapa verde până se combină bine.
b) Se condimenteaza cu sare si piper dupa gust.
c) Tăiați mini-croasanele sau chiflele în jumătate pe orizontală.
d) Pune o cantitate generoasă de salată de pui pe jumătatea inferioară a fiecărui croissant sau rulou.
e) Puneți jumătatea superioară a croissantului sau rulați pe umplutură.
f) Asigurați mini sandvișurile cu scobitori, dacă doriți.
g) Serviți și bucurați-vă de aceste sandvișuri aromate cu salată de pui.

51.Mini sandvișuri cu curcan și afine

INGREDIENTE:
- 12 mini chifle sau chifle mici
- 12 felii de piept de curcan
- ½ cană sos de afine
- O mână de pui de spanac sau frunze de rucola
- ¼ cană cremă de brânză
- Sare si piper dupa gust

INSTRUCȚIUNI:
a) Tăiați chiflele sau chiflele în jumătate pe orizontală.
b) Întindeți cremă de brânză pe jumătatea inferioară a fiecărei rulouri.
c) Peste crema de brânză se pune piept de curcan feliat, o lingură de sos de afine și câteva frunze de spanac sau rucola.
d) Se condimenteaza cu sare si piper dupa gust.
e) Puneți jumătatea superioară a ruloului pe umpluturi.
f) Asigurați mini sandvișurile cu scobitori, dacă doriți.

52.Mini șuncă și brânză

INGREDIENTE:
- 12 mini chifle glisante sau rulouri
- 12 felii de sunca
- 12 felii de brânză (cum ar fi cheddar, elvețian sau provolone)
- 2 linguri muștar de Dijon
- 2 linguri maioneza
- 2 linguri de unt, topit
- ½ linguriță de usturoi pudră
- ½ linguriță de semințe de mac (opțional)

INSTRUCȚIUNI:
a) Preîncălziți cuptorul la 350°F (175°C).
b) Tăiați chiflele glisante sau rulourile de cină în jumătate, orizontal.
c) Întindeți muștar de Dijon pe jumătatea inferioară a fiecărei chifle și maioneză pe jumătatea superioară.
d) Pe jumătatea inferioară a fiecărei chifle se adaugă șuncă și brânză feliate.
e) Așezați jumătatea superioară a chiflei pe umplutură pentru a crea sandvișuri.
f) Pune sandvișurile într-o tavă de copt.
g) Într-un castron mic, amestecați untul topit cu pudra de usturoi. Ungeți amestecul peste vârfurile sandvișurilor.
h) Presărați semințele de mac peste sandvișuri, dacă doriți.
i) Acoperiți tava de copt cu folie și coaceți timp de 10-15 minute sau până când brânza se topește și chiflele sunt ușor prăjite.
j) Servește aceste glisoare cu șuncă și brânză calde și cu brânză.

53. Mini sandvișuri Veggie Club

INGREDIENTE:
- 12 mini buzunare de pita sau chifle mici
- ½ cană de hummus
- 12 felii de castravete
- 12 felii de roșii
- 12 felii de avocado
- O mână de salată sau varză
- Sare si piper dupa gust

INSTRUCȚIUNI:
a) Tăiați mini buzunarele de pita sau chiflele în jumătate pe orizontală.
b) Întinde hummus pe jumătatea inferioară a fiecărui buzunar sau rulou.
c) Peste humus se adaugă felii de castraveți, felii de roșii, felii de avocado și salată verde sau varză.
d) Se condimenteaza cu sare si piper dupa gust.
e) Puneți jumătatea superioară a buzunarului sau rulați pe umpluturi.
f) Asigurați mini sandvișurile cu scobitori, dacă doriți.
g) Serviți și bucurați-vă de aceste sandvișuri de club cu legume aromate.

54. Mini Sandvișuri cu castraveți și cremă de brânză

INGREDIENTE:
- 12 felii de mini-pâine cocktail sau sandvișuri cu degete
- 4 uncii (½ cană) cremă de brânză, înmuiată
- 1 castravete mic, feliat subțire
- Crengute proaspete de marar
- Sare si piper dupa gust

INSTRUCȚIUNI:
a) Întindeți un strat subțire de cremă de brânză moale pe fiecare felie de pâine de cocktail.
b) Aranjați castravetele tăiați subțiri pe jumătate din feliile de pâine.
c) Se condimenteaza cu sare si piper dupa gust.
d) Acoperiți cu crenguțe proaspete de mărar.
e) Așezați feliile de pâine rămase deasupra pentru a face mini sandvișuri.
f) Tăiați crustele dacă doriți și tăiați-le în pătrate sau dreptunghiuri mici.

55.Mini sandvișuri cu somon afumat și mărar

INGREDIENTE:
- 12 felii de mini-pâine cocktail sau sandvișuri cu degete
- 4 uncii de somon afumat
- 4 uncii de brânză cremă, înmuiată
- Mărar proaspăt, pentru garnitură
- Roți de lămâie, pentru servire

INSTRUCȚIUNI:
a) Întindeți cremă de brânză moale pe fiecare felie de pâine de cocktail.
b) Pune o felie de somon afumat pe jumătate din feliile de pâine.
c) Se ornează cu mărar proaspăt.
d) Stoarceți puțin suc de lămâie peste somon, dacă doriți.
e) Acoperiți cu feliile de pâine rămase pentru a crea mini sandvișuri.
f) Tăiați marginile și tăiați în triunghiuri mici sau pătrate.

56.Mini sandvișuri cu salată de ouă

INGREDIENTE:
- 12 felii de mini-pâine cocktail sau sandvișuri cu degete
- 4 oua fierte tari, tocate
- 2 linguri maioneza
- 1 lingurita mustar de Dijon
- Sare si piper dupa gust
- Arpagic proaspăt, tocat (pentru garnitură)

INSTRUCȚIUNI:
a) Într-un castron, combinați ouăle fierte tari tăiate, maioneza, muștarul de Dijon, sare și piper. Amesteca bine.
b) Întindeți amestecul de salată de ouă pe jumătate din feliile de pâine.
c) Se presară cu arpagic proaspăt tocat.
d) Acoperiți cu feliile de pâine rămase pentru a crea mini sandvișuri.
e) Tăiați marginile și tăiați-le în pătrate sau dreptunghiuri mici.

57.Mini roast beef și sandvișuri cu hrean

INGREDIENTE:
- 12 mini chifle glisante sau rulouri mici
- 6 uncii roast beef felii subțiri
- 2 linguri sos de hrean preparat
- Frunze de rucola

INSTRUCȚIUNI:
a) Întindeți un strat subțire de sos de hrean pe o parte a fiecărei chifle glisante.
b) Pune câteva felii de friptură de vită pe jumătatea inferioară a chiflelor.
c) Acoperiți cu frunze de rucola și apoi jumătatea superioară a chiflelor pentru a crea mini sandvișuri.

58. Mini Sandvișuri cu Nasturel și Ridichi

INGREDIENTE:
- 12 mini felii de pâine integrală sau rulouri mici
- Frunze de nasturel
- Ridichi felii subțiri
- Cremă de brânză
- Coaja de lamaie

INSTRUCȚIUNI:
a) Întindeți un strat de cremă de brânză pe jumătate din feliile de pâine.
b) Deasupra se adaugă frunze de nasturel și ridichi tăiate subțiri.
c) Se presara cu coaja de lamaie.
d) Acoperiți cu feliile de pâine rămase pentru a crea mini sandvișuri.

BISCUIȚI

59. Scones Mimoza

INGREDIENTE:
- 2 căni de făină universală
- ¼ cană zahăr granulat
- 1 lingura praf de copt
- ½ lingurita sare
- ½ cană de unt rece nesărat, tăiat în cuburi mici
- ¼ cană smântână groasă
- ¼ cană suc de portocale
- ¼ cană de șampanie sau vin spumant
- 1 lingurita coaja de portocala
- ½ cană de afine uscate sau stafide aurii (opțional)
- 1 ou mare, batut (pentru spalarea oualor)
- Zahăr grosier pentru stropire

INSTRUCȚIUNI:
a) Preîncălziți cuptorul la 400°F (200°C). Tapetați o foaie de copt cu hârtie de copt.
b) Într-un castron mare, amestecați făina, zahărul, praful de copt și sarea.
c) Adăugați cuburile de unt rece la ingredientele uscate și tăiați-le folosind un tăietor de patiserie sau două cuțite până când amestecul seamănă cu firimituri grosiere.
d) Într-un castron separat, amestecați smântâna groasă, sucul de portocale, șampania și coaja de portocale.
e) Turnați ingredientele umede în amestecul uscat și amestecați până se omogenizează. Adăugați merișoarele uscate sau stafidele aurii dacă folosiți.
f) Transferați aluatul pe o suprafață cu făină și tapetați-l într-un cerc de aproximativ 1 inch grosime. Tăiați cercul în 8 felii.
g) Puneți scones-urile pe foaia de copt pregătită, ungeți blaturile cu oul bătut și stropiți cu zahăr grosier.
h) Coaceți în cuptorul preîncălzit timp de 15-18 minute sau până când scones-urile devin maro auriu.
i) Lăsați scones-urile să se răcească puțin înainte de servire.

60.Prăjituri de aniversare

INGREDIENTE:
PENTRU SCONES:
- 2 căni de făină universală
- ¼ cană zahăr granulat
- 2 lingurite praf de copt
- ½ lingurita sare
- ½ cană unt nesărat, rece și tăiat cubulețe
- ½ cană de zară
- 1 lingurita extract de vanilie
- ¼ cană stropi colorate

PENTRU GLAZURI:
- 1 cană de zahăr pudră
- 2 linguri de lapte
- ½ linguriță extract de vanilie
- Presături suplimentare pentru garnitură (opțional)

INSTRUCȚIUNI:
a) Preîncălziți cuptorul la 200°C (400°F) și tapetați o tavă de copt cu hârtie de copt.
b) Într-un castron mare, amestecați făina, zahărul granulat, praful de copt și sarea.
c) Adăugați untul rece tăiat cubulețe la ingredientele uscate. Folosiți un tăietor de patiserie sau degetele pentru a tăia untul în amestecul de făină până seamănă cu firimituri grosiere.
d) Într-un castron separat, amestecați zara și extractul de vanilie.
e) Turnați treptat amestecul de zară în ingredientele uscate, amestecând până se combină.
f) Încorporați ușor stropile colorate, având grijă să nu amestecați prea mult și să nu pierdeți culorile vibrante.
g) Transferați aluatul pe o suprafață ușor făinată. Modelați-o într-un cerc sau dreptunghi, de aproximativ 1 inch grosime.
h) Folosind un cuțit ascuțit sau un tăietor de patiserie, tăiați aluatul în felii sau pătrate, în funcție de forma și dimensiunea preferată.
i) Puneți scones-urile pe foaia de copt pregătită, lăsând puțin spațiu între fiecare scone.

j) Coaceți scones-urile în cuptorul preîncălzit pentru aproximativ 15-20 de minute, sau până când sunt aurii și gătiți.
k) În timp ce scones se coace, pregătiți glazura. Într-un castron, amestecați zahărul pudră, laptele și extractul de vanilie până când devine omogen și cremos.
l) Odată ce scones s-au copt, scoateți-le din cuptor și lăsați-le să se răcească pe un grătar pentru câteva minute.
m) Stropiți glazura peste scones calde, lăsându-i să picure pe părțile laterale.
n) Opțional: presărați stropi colorate suplimentare deasupra glazurii pentru o notă de festivitate suplimentară.
o) Lăsați glazura să se întărească câteva minute înainte de a servi scones-urile pentru tort de ziua de naștere.

61. Scones Cappuccino

INGREDIENTE:
- 2 căni de făină universală
- ¼ cană zahăr granulat
- 2 linguri granule de cafea instant
- 1 lingura praf de copt
- ½ lingurita sare
- ½ cană unt rece, nesarat, tăiat cubulețe
- ½ cană smântână groasă
- ¼ cană cafea tare preparată, răcită
- 1 lingurita extract de vanilie
- ½ cană chipsuri de ciocolată semidulce (opțional)
- 1 ou (pentru spălarea ouălor)
- Zahăr grosier (pentru stropire, opțional)

INSTRUCȚIUNI:
a) Preîncălziți cuptorul la 400 ° F (200 ° C) și tapetați o tavă de copt cu hârtie de copt.
b) Într-un castron mare, amestecați făina, zahărul granulat, granulele de cafea instant, praful de copt și sarea.
c) Adăugați untul rece tăiat cubulețe la ingredientele uscate. Folosiți un tăietor de patiserie sau degetele pentru a adăuga untul în amestecul uscat până când seamănă cu firimituri grosiere.
d) Într-un castron separat, combinați smântâna groasă, cafeaua preparată și extractul de vanilie.
e) Turnați ingredientele umede în amestecul uscat și amestecați până se omogenizează. Dacă doriți, adăugați fulgii de ciocolată semidulce.
f) Întoarceți aluatul pe o suprafață cu făină și frământați-l ușor de câteva ori până se îmbină.
g) Pat aluatul într-un cerc de aproximativ 1 inch grosime. Tăiați cercul în 8 felii.
h) Puneți scones-urile pe foaia de copt pregătită. Bate oul si unge-l peste blatul scones. Stropiți cu zahăr grosier, dacă folosiți.
i) Coacem in cuptorul preincalzit 15-18 minute sau pana cand scones-urile devin maro auriu si o scobitoare introdusa in centru iese curata.
j) Lăsați scones cappuccino să se răcească pe un grătar înainte de servire.

62.Scones cu ghimbir și coacăze

INGREDIENTE:
- 1 ou, batut
- 3 linguri de zahar brun, impachetate
- 1 lingurita rom sau extract cu aroma de rom
- 1 lingurita praf de copt
- 2 linguri lapte
- 1 cană de făină universală
- ¼ cană unt, înmuiat
- ¾ cani de coacaze
- 2 linguri de ghimbir confiat, tocat

INSTRUCȚIUNI:
a) Într-un castron mare, amestecați toate ingredientele până se omogenizează bine. Împărțiți aluatul în 8 până la 10 bile; aplatiza.
b) Aranjați scones pe foi de copt neunse.
c) Coaceți la 350 de grade timp de 15 minute, sau până devin aurii.

63. Scones cu scorțișoară și nucă

INGREDIENTE:
TOPING:
- 2 linguri Splenda granulată
- ½ lingurita de scortisoara

BISCUIȚI:
- 2 căni de amestec pentru copt
- 1 lingurita praf de copt
- 1 lingurita scortisoara
- ¼ cană unt rece nesărat, tăiat în bucăți mici
- 2 uncii de brânză rece, tăiată în bucăți mici
- ½ cană nuci, tocate (aproximativ 2 uncii)
- ⅓ cană Carb Countdown lapte sau smântână groasă
- 1 ou, batut
- ¾ cană Splenda granulată
- 1 lingurita extract de vanilie
- 1 lingură smântână groasă

INSTRUCȚIUNI:
a) Tapetați o foaie de copt cu hârtie de copt sau o căptușeală antiaderentă. Într-un castron mic, amestecați toppingul
b) INGREDIENTE: Splenda granulată și scorțișoară. Pune acest amestec deoparte.
c) Într-un castron mediu, amestecați praful de copt și scorțișoara în amestecul de copt.
d) Tăiați untul rece și crema de brânză până când amestecul seamănă cu mazărea mică.
e) Adaugam nucile tocate in amestec.
f) Într-un castron separat, amestecați laptele (sau smântâna groasă), oul bătut, îndulcitorul (Splenda granulat sau Splenda lichid, în funcție de alegere) și extractul de vanilie.
g) Adăugați amestecul umed la amestecul uscat și amestecați până când aluatul se îmbină. Aluatul va fi lipicios.
h) Întoarceți aluatul pe o suprafață pudrată ușor cu amestec de copt. Pudrați partea superioară a aluatului cu amestec de copt și tamponați-l ușor până la o grosime de 1 inch.

i) Tăiați aluatul cu un tăietor de biscuiți de 2 inci și puneți cu grijă scones-urile pe tava de copt. Îndepărtați ușor resturile de aluat și tăiați-le pentru a face scone-urile rămase.
j) Ungeți blaturile scones-urilor cu 1 lingură de smântână groasă.
k) Presărați amestecul de topping uniform peste toate scones.
l) Coaceți într-un cuptor preîncălzit la 400 °F timp de 12-15 minute sau până când scones-urile devin maro auriu.
m) Serviți scones calde și luați în considerare combinarea lor cu unt, smântână sau brânză mascarpone. Mock Clotted Cream este, de asemenea, un topping minunat pentru aceste scones. Bucurați-vă!

64. Scones Limoncello

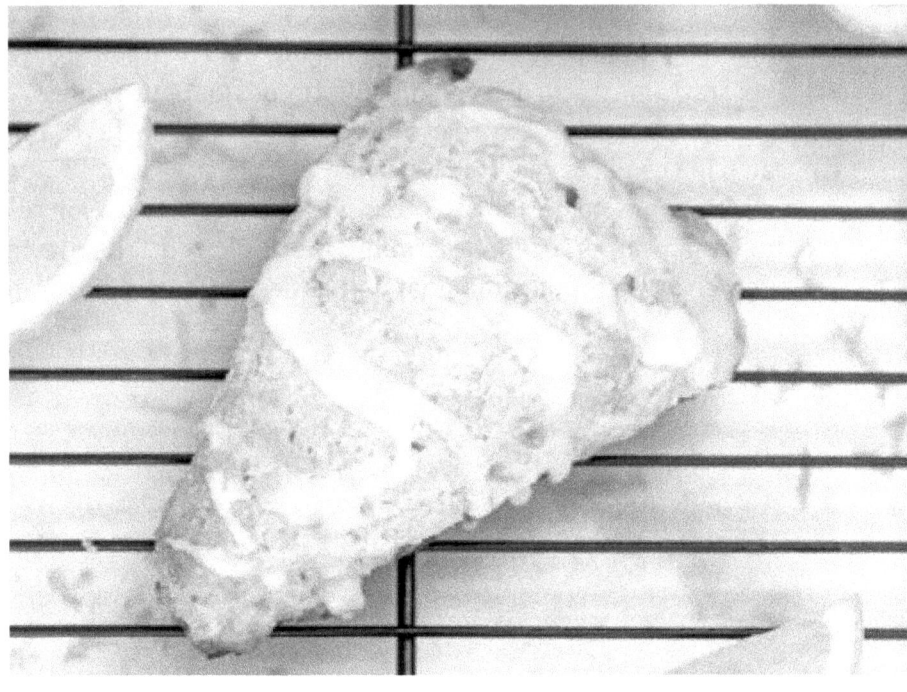

INGREDIENTE:
- 2 căni de făină universală
- ¼ cană zahăr
- 2 lingurite praf de copt
- ½ lingurita sare
- ½ cană de unt rece nesărat, tăiat în cuburi mici
- ½ cană smântână groasă
- ¼ cană lichior Limoncello
- Zest de 1 lămâie
- ½ cană de zahăr pudră (pentru glazură)
- 1 lingura Limoncello (pentru glazura)

INSTRUCȚIUNI:
a) Preîncălziți cuptorul la 400 ° F (200 ° C) și tapetați o tavă de copt cu hârtie de copt.
b) Într-un castron mare, amestecați făina, zahărul, praful de copt și sarea.
c) Adăugați cubulețele de unt rece în amestecul de făină și tăiați-l folosind un tăietor de patiserie sau cu degetele până când amestecul seamănă cu firimituri grosiere.
d) Într-un castron separat, combinați smântâna groasă, Limoncello și coaja de lămâie.
e) Se toarnă amestecul de smântână în amestecul de făină și se amestecă până când aluatul se îmbină.
f) Transferați aluatul pe o suprafață ușor înfăinată și frământați-l ușor de câteva ori.
g) Pat aluatul într-un cerc de aproximativ 1 inch grosime, apoi tăiați-l în 8 felii.
h) Puneți scones-urile pe foaia de copt pregătită și coaceți timp de 15-18 minute sau până când se rumenesc.
i) Într-un castron mic, amestecați zahărul pudră și Limoncello pentru a face glazura.
j) Stropiți glazura peste scones calde și lăsați-le să se răcească puțin înainte de servire.

65.Scones de cafea cu scorțișoară

INGREDIENTE:
- 2 căni de făină auto-crescătoare
- 2 lingurițe de scorțișoară
- 6 linguri de zahăr
- ¾ cană unt nesărat
- 2 oua
- ¼ de cană de cafea Folgers puternic preparată
- ¼ cană lapte
- ½ cană stafide aurii
- ½ cană nuci pecan tocate
- Supliment de lapte și zahăr pentru toppinguri

INSTRUCȚIUNI:
a) Se amestecă făina, scorțișoara și zahărul. Tăiați untul în bucăți de lingură și amestecați în amestecul uscat.
b) Se amestecă ouăle, cafeaua și laptele. Se amestecă în amestecul uscat pentru a forma un aluat moale. Se amestecă fructele și nucile. Se răstoarnă pe o placă înfăinată și se lipește ușor într-un cerc de aluat gros de aproximativ ½". Tăiați rondele cu un tăietor de biscuiți cu făină și așezați-le pe o foaie de copt unsă.
c) Ungeți ușor blaturile cu lapte și coaceți într-un cuptor preîncălzit la 400 F. timp de 12-15 minute sau până când devine maro auriu. Se serveste fierbinte.

66.Scones cu nucă de cocos și ananas

INGREDIENTE:
BISCUIȚI:
- 2 căni de amestec pentru copt
- 1 lingurita praf de copt
- ¼ cană unt nesărat, ferm, tăiat în bucăți mici
- 2 uncii de brânză cremă
- ½ cană nucă de cocos tip înger
- ½ cană nuci de macadamia, tocate
- Zahăr Înlocuiți cu ⅓ cană de zahăr
- ⅓ cană de băutură lactate Carb Countdown
- 1 ou mare, bătut
- 1 lingurita extract de ananas
- 1 lingură smântână groasă pentru ungere

NUCA DE COCOS DE TIP ANGEL:
- ½ cană de nucă de cocos mărunțită neîndulcit
- 1 ½ linguriță. apă clocotită
- Înlocuitor de zahăr egal cu 2 lingurițe. de zahăr

INSTRUCȚIUNI:
NUCA DE COCOS DE TIP ANGEL:
a) Pune nuca de cocos într-un castron mic. Se toarnă apă clocotită și îndulcitor peste el și se amestecă până când nuca de cocos este bine umezită.
b) Puneți o folie de folie de plastic peste bol și lăsați-o să stea timp de 15 minute.

BISCUIȚI:
c) Preîncălziți cuptorul la 400 de grade. Tapetați o foaie de copt cu hârtie de copt.
d) Într-un castron de mărime medie, amestecați lingurița de praf de copt în amestecul de copt.
e) Tăiați untul și cremă de brânză în amestec de copt până când amestecul seamănă cu firimituri grosiere. Se amestecă nuca de cocos și nucile de macadamia.
f) Într-un castron separat, amestecați laptele, oul, înlocuitorul de zahăr și extractul de ananas.

g) Adăugați amestecul umed la uscat și amestecați până se formează un aluat moale (va fi lipicios).
h) Întoarceți aluatul pe o suprafață pudrată ușor cu amestec de copt.
i) Rulați ușor aluatul pentru a se acoperi. Frământați ușor de 10 ori.
j) Tapeți aluatul într-un cerc de 7" pe foaia de copt tapetată cu pergament. Dacă aluatul este prea lipicios, acoperiți-l cu o folie de plastic și apoi formați un cerc. Ungeți blatul cu cremă. Tăiați în 8 felii, dar nu separa.
k) Coaceți timp de 15 până la 20 de minute sau până când se rumenesc. Scoateți din cuptor. Așteptați 5 minute, apoi tăiați cu atenție și separați pene de-a lungul liniilor de scor. Serviți cald.

67. Scones cu afine cu dovleac

INGREDIENTE:
- 2 căni de amestec pentru copt
- 1 lingura de unt
- 2 pachete de Splenda
- ¾ cană dovleac conservat, rece
- 1 ou, batut
- 1 lingură smântână groasă
- ½ cană de afine proaspete, tăiate la jumătate

INSTRUCȚIUNI:
a) Preîncălziți cuptorul la 425°F (220°C).
b) Tăiați untul în amestecul de copt.
c) Adăugați Splenda (ajustați după gust), dovleac conservat, ou bătut și smântână groasă în amestecul de copt. Incorporeaza bine ingredientele, dar nu amesteca prea mult.
d) Încorporați ușor merișoarele tăiate în jumătate.
e) Formați aluatul în 10 bile și puneți-le pe o foaie de biscuiți unsă cu unt. Apăsați ușor pe fiecare minge, netezind marginile exterioare.
f) Dacă doriți, ungeți vârfurile scones-urilor cu cremă groasă suplimentară.
g) Coaceți pe grătarul din mijloc al cuptorului preîncălzit timp de 10-15 minute sau până când scones-urile sunt aurii.
h) Serviți scones calde cu unt și/sau frișcă.

68.Scones cu limonadă roz

INGREDIENTE:
- 1 cană smântână groasă
- 1 cană limonadă
- 6 picături de colorant alimentar roz
- 3 căni de făină auto-crescătoare
- 1 praf sare
- dulceata, a servi
- smântână, de servit

INSTRUCȚIUNI:
a) Preîncălziți cuptorul la 450°F
b) Pune toate ingredientele într-un bol. Se amestecă ușor până se combină.
c) Răzuiți pe o suprafață cu făină.
d) Frământați ușor și modelați aluatul la aproximativ 1" grosime.
e) Apoi folosiți un tăietor rotund pentru a tăia scones.
f) Puneți pe o foaie de biscuiți unsă și ungeți blaturile cu puțin lapte.
g) Coaceți 10-15 minute sau până când blatul se rumenește.
h) Se serveste cu dulceata si smantana.

69. Scones cu unt

INGREDIENTE:
- 1 cană de zară
- 1 ou
- 3 linguri de zahar
- 3½ căni de făină albă nealbită, împărțită
- 2 lingurite praf de copt
- 1 lingurita de bicarbonat de sodiu
- ½ linguriță sare
- ½ cană unt, topit
- ½ cană stafide

INSTRUCȚIUNI:
a) Bateți zara, oul și zahărul împreună cu un mixer electric la viteză medie. Cerneți 3 căni de făină cu praf de copt, bicarbonat de sodiu și sare.
b) Adăugați ⅔ din amestecul de făină la amestecul de zară și amestecați bine.
c) Adăugați treptat untul topit, amestecând bine; adăugați amestecul de făină rămas.
d) Se adauga stafidele si putina faina daca este nevoie. Framantam aluatul pe o suprafata infainata de 2-3 ori.
e) Tăiați aluatul în 3 părți. Formați fiecare într-un cerc gros de 1½ inch și tăiați în 4 sferturi egale. Se aseaza pe o tava unsa cu unt. Coaceți la 400 de grade timp de 15 minute, sau până când blaturile sunt aurii.

70.Scones cu fructe ale pasiunii

INGREDIENTE:
- 2 căni de făină universală
- ⅓ cană zahăr
- 1 lingura praf de copt
- ½ lingurita sare
- ½ cană de unt nesărat, răcit și tăiat cubulețe
- ⅔ cană pulpă de fructul pasiunii
- ½ cană smântână groasă

INSTRUCȚIUNI:
a) Preîncălziți cuptorul la 400°F.
b) Într-un bol de amestecare, combinați făina, zahărul, praful de copt și sarea.
c) Adăugați untul răcit și folosiți un blender de patiserie sau cu mâinile pentru a tăia untul în ingredientele uscate până când amestecul devine sfărâmicios.
d) Adăugați pulpa de fructul pasiunii și smântâna groasă, amestecând până când aluatul se îmbină.
e) Întoarceți aluatul pe o suprafață tapetă cu făină și lipiți-l într-un cerc.
f) Tăiați aluatul în 8 felii
g) Pune scones-urile pe o tava tapetata cu hartie de copt.
h) Coaceți timp de 18-20 de minute sau până când se rumenesc.
i) Serviți cald cu unt și pulpă suplimentară de fructul pasiunii.

71.Scones de mentă

INGREDIENTE:
- 2 căni de făină universală
- ¼ cană zahăr
- 1 lingura praf de copt
- ¼ lingurita sare
- ½ cană de unt nesărat, rece și tăiat în bucăți mici
- ½ cană frunze de mentă proaspătă tocate
- ⅔ cană smântână groasă
- 1 ou mare
- 1 lingurita extract de vanilie

INSTRUCȚIUNI:
a) Preîncălziți cuptorul la 400 ° F și tapetați o tavă de copt cu hârtie de copt.
b) Într-un castron mare, amestecați făina, zahărul, praful de copt și sarea.
c) Tăiați untul folosind un blender de patiserie sau degetele până când amestecul seamănă cu firimituri grosiere.
d) Se amestecă frunzele de mentă tocate.
e) Într-un castron separat, amestecați smântâna groasă, oul și extractul de vanilie.
f) Adăugați ingredientele umede la ingredientele uscate și amestecați până când amestecul se reunește pentru a forma un aluat.
g) Întoarceți aluatul pe o suprafață ușor făinată și frământați scurt.
h) Pat aluatul într-un cerc de aproximativ 1 inch grosime.
i) Tăiați cercul în 8 felii.
j) Puneți feliile pe foaia de copt pregătită.
k) Coaceți timp de 18-20 de minute sau până când scones sunt ușor aurii și gătiți.
l) Lăsați scones-urile să se răcească câteva minute înainte de a le servi.
m) Bucurați-vă!

72. Scones cu cireșe Amaretto

INGREDIENTE:
- 2 căni de făină universală
- ½ cană zahăr
- 2 lingurite praf de copt
- ½ lingurita sare
- ½ cană de unt nesărat, răcit și tăiat cubulețe
- ½ cana cirese uscate, tocate
- ¼ cană migdale feliate
- ¼ cană amaretto
- ½ cană smântână groasă
- 1 ou, batut

INSTRUCȚIUNI:
a) Preîncălziți cuptorul la 375°F.
b) Într-un castron mare, amestecați făina, zahărul, praful de copt și sarea.
c) Cu ajutorul unui tăietor de patiserie sau cu degetele, tăiați untul în ingredientele uscate până când amestecul seamănă cu firimituri grosiere.
d) Se amestecă cireșele uscate și migdalele tăiate felii.
e) Într-un castron separat, amestecați amaretto, smântâna groasă și oul.
f) Turnați ingredientele umede peste ingredientele uscate și amestecați până când amestecul se oprește.
g) Întoarceți aluatul pe o suprafață tapetă cu făină și frământați ușor până se formează o minge unită.
h) Pat aluatul într-un cerc de aproximativ 1 inch grosime.
i) Tăiați cercul în 8 felii.
j) Asezam feliile pe o tava tapetata cu hartie de copt.
k) Ungeți blaturile scones-urilor cu puțină cremă în plus.
l) Coaceți 20-25 de minute, până când se rumenesc și sunt fierte.
m) Se serveste cald cu un strop de glazura amaretto (facut cu zahar pudra si amaretto).

73. Toblerone Scones

INGREDIENTE:
- 3 cesti + 2 linguri faina
- ⅓ cană zahăr + mai mult pentru stropire
- 1 lingura praf de copt
- ½ linguriță plină de bicarbonat de sodiu
- ½ lingurita sare
- 13 linguri de unt, rece
- 1 cană de zară
- 3½ uncii bomboane Toblerone, tocate
- ½ cană de migdale feliate
- 2 linguri de unt, topit

INSTRUCȚIUNI:
a) Amestecă făina, zahărul, praful de copt, bicarbonatul de sodiu și sarea într-un castron mare.
b) Într-un castron separat, folosind fantele mari ale unei răzătoare de brânză, se rade untul.
c) Turnați untul ras în ingredientele uscate și amestecați până când amestecul seamănă cu firimituri grosiere.
d) Adăugați zara și amestecați până se omogenizează DOAR.
e) Încorporați cu grijă Toblerone și migdalele tocate.
f) Împărțiți aluatul în două. Luați fiecare jumătate și modelați-o într-un cerc mic, de aproximativ 7 inci.
g) Tăiați fiecare cerc în 6 felii folosind un tăietor de pizza sau un cuțit ascuțit.
h) Ungeți fiecare felie cu puțin unt topit și stropiți cu zahăr.
i) Se da la cuptorul incalzit la 425 pentru aproximativ 13 minute.

74. Yuzu Scones

INGREDIENTE:
BISCUIȚI
- 1⅓ cani de faina universala
- ¼ cană zahăr organic din trestie
- ¼ lingurita sare
- ½ lingură praf de copt
- ¼ cană unt rece
- 1 ou mare
- 1 lingurita suc de yuzu
- ¼ până la ½ cană de vanilie franceză jumătate și jumătate

GLAZURĂ
- ½ cană de zahăr pudră
- 2½ linguri suc de yuzu
- ½ linguriță vanilie franceză jumătate și jumătate

INSTRUCȚIUNI:
a) Se amestecă făina, zahărul, sarea și praful de copt împreună.
b) Adăugați untul rece la ingredientele batute cu un tăietor de patiserie.
c) Într-un alt castron, bate ușor oul. Adăugați sucul de yuzu și jumătate și jumătate.
d) Adăugați încet lichidul la ingredientele uscate. Se toarnă și se amestecă în lichid până când toate bucățile sfărâmicioase s-au umezit. Scopul este de a avea o minge de aluat unită.
e) Puneți hârtie de pergament deasupra unei foi de biscuiți. Pudram aluatul si hartia cu faina. Glisați aluatul pe foaia de biscuiți pregătită. Împărțiți aluatul în șase movile.
f) Pictează fiecare movilă cu puțin jumătate și/sau yuzu. Se presară cu trestie de zahăr.
g) Pune tava la congelator timp de 30 de minute. Coaceți scones la 425 de grade timp de 22 până la 23 de minute. Se răcește timp de 5 până la 10 minute înainte de a stropi cu glazură de yuzu.
h) Pentru a face glazura: Bateți yuzu și jumătate și jumătate împreună cu zahărul pudră.

75.Scones cu fistic

INGREDIENTE:

- 1 ½ cani de faina
- ¼ cană de zahăr
- ¼ lingurita sare
- 1 ½ linguriță praf de copt
- 1 lingurita coaja de lamaie
- 4 linguri de unt
- ⅓ cană fistic tocat, decojit
- 1 ou, batut usor
- 2 linguri de lapte

INSTRUCȚIUNI :

a) Preîncălziți cuptorul la 425F.
b) Într-un castron mare, amestecați făina, zahărul, sarea, praful de copt și coaja de lămâie. Tăiați în unt până când amestecul seamănă cu firimituri grosiere. Amestecați fisticul.
c) Adăugați oul și laptele, amestecând până se umezesc.
d) Se întinde într-un dreptunghi gros de aproximativ ½ inch. Tăiați în triunghiuri.
e) Puneți pe o foaie de biscuiți neunsă. Coacem 12-15 min, pana devin aurii.
f) Scoate scones din cuptor si lasa-le sa se raceasca pe un gratar timp de 1-2 minute inainte de a manca.

76.Scones cu scorțișoară cu fulgi de ovăz

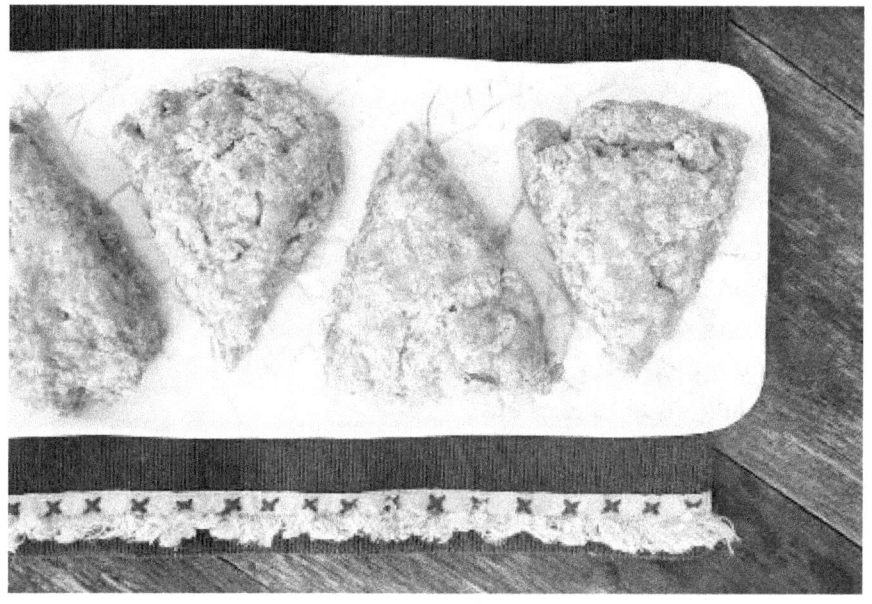

INGREDIENTE:
- ¼ cană fulgi de ovăz
- 1 lingurita Sare
- 1¾ cană de făină
- 6 linguri de unt, tăiate în cuburi de ½ inch
- ¼ cană de zahăr
- 1 lingurita scortisoara
- ½ cană de zară SAU:
- ½ cană smântână SAU:
- ½ cană de lapte
- ¼ cană zahăr brun, ambalat
- 1 ou mare, bătut
- 1½ linguriță Praf de copt
- 2 lingurite extract de vanilie
- 1 lingurita de bicarbonat de sodiu
- ⅛ linguriță coaja de portocală rasă

INSTRUCȚIUNI:
a) Poziționați grătarul în centrul cuptorului și preîncălziți la 375 de grade.
b) Într-un castron mare, cerne făina, zaharurile, praful de copt, bicarbonatul de sodiu și sarea. Adăugați fulgi de ovăz și amestecați. Distribuiți cuburile de unt peste amestecul de făină. Folosind vârful degetelor, frecați rapid drăgălașii de unt în amestecul de făină, până când amestecul seamănă cu o masă grosieră.
c) Într-un castron mediu, amestecați zara, oul, vanilia și coaja.
d) Adăugați amestecul lichid la amestecul de făină. Cu o spatulă mare de cauciuc, folosind cât mai puține mișcări, amestecați ușor până când aluatul se umezește și începe să se lipească. Manevrând aluatul cât mai puțin posibil, amestecați până când toate ingredientele sunt complet combinate.
e) Folosind un ⅓-c. ceașcă de măsurare, aruncați aluatul pe o foaie de copt neunsă, lăsând cel puțin 1 inch între scones.
f) Coaceți timp de 16 până la 18 minute, până când scones sunt maro auriu. Răciți scones-urile pe foaia de copt pusă pe un grătar timp de 5 minute. Folosind o spatulă mentală, transferați scones-urile pe grătar și răciți-le complet.
g) Serviți calde sau păstrați scones complet răcite într-un recipient ermetic la temperatura camerei.

77. Margarita Scones

INGREDIENTE:
- 2 căni de făină
- ½ cană zahăr
- 3 lingurite praf de copt
- 1 lingurita de sare grunjoasa
- ½ cană de unt rece, tăiat în bucăți mici
- 4 picături ulei de lămâie
- 2 picături de ulei de lămâie
- ¼ cană amestec de margarita
- ¼ cană smântână groasă
- 2 oua

INSTRUCȚIUNI:
a) Într-un castron mediu, amestecați făina, zahărul, praful de copt și sarea.
b) Tăiați în unt rece cu un tăietor de patiserie până seamănă cu firimituri grosiere.
c) Amestecați amestecul de Margarita și smântâna grea cu ulei de lime și portocale împreună cu ouăle.
d) Amestecați ingredientele umede cu ingredientele uscate până când se combină.
e) Întindeți aluatul pe o suprafață ușor înfăinată.
f) Tăiați aluatul în forma dorită
g) Pune scones pe o foaie de copt tapetata cu pergament
h) Se coace la 400 de grade timp de 10 minute.

78.Scones cu făină de cocos cu glazură de zahăr

INGREDIENTE:
ALUAT:
- ¾ cană făină de cocos
- 6 linguri amidon de tapioca
- ½ cană de zahăr, zahăr de cocos, zahăr de arțar sau eritritol
- 4 lingurite praf de copt
- ½ linguriță sare de mare
- ½ cană unt, rece
- 3 ouă mari
- ½ cană lapte de cocos sau smântână groasă
- 1 lingurita extract de vanilie
- 1 cană de afine proaspete
- 1 lingură unt sau ulei de cocos pentru aluatul de glazură
- 2 linguri de zahar sau eritritol pentru presarat deasupra

GLAZURĂ:
- ½ cană de zahăr pudră
- 1 lingură suc proaspăt de lămâie sau cumpărat din magazin

INSTRUCȚIUNI:
a) Într-un castron mare amestecați ingredientele uscate, făina de cocos, amidonul de tapioca, zahărul, praful de copt și sarea.
b) Luați untul rece și tăiați-l în cuburi mici. Adaugati untul la ingredientele uscate si folosind o furculita sau un blender de patiserie, maruntiti untul cu ingredientele uscate. Faceți asta până când făina și untul arată ca niște firimituri mici. Va dura cel puțin 5 minute.
c) Apoi, puneți acest bol cu unt și făină mărunțiți în congelator, astfel încât să nu se topească în timp ce lucrați la pașii următori.
d) Într-un castron de mărime medie, adăugați ouăle și bateți pentru a se amesteca.
e) Adaugați laptele de cocos și vanilia în ouă și bateți pentru a se amesteca.
f) Turnați ingredientele umede peste untul mărunțit și, folosind o spatulă, amestecați până se omogenizează. Aluatul trebuie să fie suficient de gros pentru a-și menține forma. Acordați făinii de cocos cel puțin un minut pentru a absorbi tot lichidul. Dacă aluatul

nu este suficient de gros, adăugați câte o lingură de făină de cocos în aluat până ajunge la grosimea dorită.
g) Adăugați afinele în aluat și amestecați pentru a se combina.
h) Tapetați o tavă mare de copt cu hârtie de copt și puneți aluatul pe hârtie de copt.
i) Folosind mâinile sau o spatulă, modelați aluatul în forma unui cerc care are 8 inci lățime și aproximativ 1 inch grosime.
j) Pune tava cu aluatul la congelator pentru a se intari. Congelați timp de 30 de minute.
k) Preîncălziți cuptorul la 400 ° F.
l) Scoateți din congelator și tăiați în 8 felii.
m) Separați feliile astfel încât să se coacă sub formă de felii separate.
n) Într-un castron sigur pentru cuptorul cu microunde, topește 1 lingură de unt în cuptorul cu microunde.
o) Ungeți sau puneți cu lingură untul peste fiecare felie. Se presară cu zahăr.
p) Coaceți 25 de minute sau până când marginile sunt aurii și blaturile sunt tari.
q) Răciți scones-urile pe un grătar de răcire.
r) Pentru a face glazura, puneti zahar pudra intr-un castron mic. Adăugați sucul de lămâie și amestecați până când glazura se omogenizează. Dacă doriți ca glazura să fie mai subțire, adăugați mai mult suc de lămâie.
s) Stropiți sucul de lămâie peste scones-urile răcite și serviți.

79.Scones cu ghimbir și coacăze

INGREDIENTE:
- 1 ou, batut
- 3 linguri de zahar brun, impachetate
- 1 lingurita rom sau extract cu aroma de rom
- 1 lingurita praf de copt
- 2 linguri lapte
- 1 cană de făină universală
- ¼ cană unt, înmuiat
- ¾ cani de coacaze
- 2 linguri de ghimbir confiat, tocat

INSTRUCȚIUNI:
d) Într-un castron mare, amestecați toate ingredientele până se omogenizează bine. Împărțiți aluatul în 8 până la 10 bile; aplatiza.
e) Aranjați scones pe foi de copt neunse.
f) Coaceți la 350 de grade timp de 15 minute, sau până devin aurii.

Prăjituri în miniatură

80.Tort cu cafea cu visine

INGREDIENTE:
- 1¾ cani de amestec de copt pentru biscuiti, impartit
- 1 ou, batut
- ½ cană zahăr
- ¼ cană lapte
- ½ linguriță extract de vanilie
- ⅛ linguriță sare
- Cutie de 21 uncii de umplutură de plăcintă cu cireșe, parțial scursă
- ½ cană zahăr brun, ambalat
- ⅓ cani de nuci tocate
- ½ linguriță de scorțișoară
- 3 linguri de unt, tăiate cubulețe

INSTRUCȚIUNI:
a) Combinați 1½ cani de amestec pentru copt, oul, zahărul, laptele, vanilia și sarea. Se amestecă până se omogenizează. Presă amestecul într-o tavă de copt de 8"x8" ușor unsă.
b) Se pune umplutura de plăcintă peste amestecul din tigaie.
c) Amestecați amestecul de copt rămas, zahărul brun, nucile, scorțișoara și untul folosind un blender de patiserie sau o furculiță până se sfărâmiciază.
d) Se presară peste umplutura de plăcintă.
e) Se coace la 375 de grade timp de 30 de minute. Tăiați în pătrate.

81.Mini pandișpan Victoria

INGREDIENTE:
PENTRU BURET:
- 2 oua
- 100 g (aproximativ 3,5 uncii) unt, înmuiat
- 100 g (aproximativ 3,5 uncii) zahăr tos
- 100 g (aproximativ 3,5 uncii) făină auto-crescătoare
- ½ linguriță de praf de copt
- ½ linguriță extract de vanilie

PENTRU Umplutura:
- Dulceata de capsuni sau zmeura
- Frisca

INSTRUCȚIUNI:
a) Preîncălziți cuptorul la 180°C (350°F). Ungeți și tapetați o formă de mini cupcake sau de tort.
b) Într-un castron, bate untul și zahărul până devine cremos. Adaugam ouale pe rand, amestecand bine dupa fiecare adaugare. Se amestecă extractul de vanilie.
c) Cerneți făina care crește automat și praful de copt, apoi amestecați-le în amestec.
d) Turnați aluatul în mini forma de tort.
e) Coaceți aproximativ 12-15 minute sau până când prăjiturile sunt aurii și elastice la atingere.
f) După ce s-a răcit, tăiați fiecare mini prăjitură în jumătate pe orizontală. Pe o jumătate se întinde gem și frișcă, iar deasupra puneți cealaltă jumătate.
g) Pudrați cu zahăr pudră și serviți.

82. Mini prăjitură cu lămâie

INGREDIENTE:
- 2 oua
- 100 g (aproximativ 3,5 uncii) unt, înmuiat
- 100 g (aproximativ 3,5 uncii) zahăr tos
- 100 g (aproximativ 3,5 uncii) făină auto-crescătoare
- Zest de 1 lămâie
- Suc de 1 lămâie
- 50 g (aproximativ 1,75 uncii) zahăr granulat

INSTRUCȚIUNI:
a) Preîncălziți cuptorul la 180°C (350°F). Ungeți și tapetați o formă de mini cupcake sau de tort.
b) Într-un bol de mixare, bate untul și zahărul tos până devine cremos. Adaugam ouale pe rand, amestecand bine dupa fiecare adaugare.
c) Cerneți făina auto-crescătoare și adăugați coaja de lămâie. Se amestecă până se combină bine.
d) Turnați aluatul în mini forma de tort și coaceți aproximativ 12-15 minute sau până când prăjiturile devin aurii.
e) În timp ce prăjiturile se coc, amestecați sucul de lămâie și zahărul granulat pentru a face stropirea.
f) Imediat ce prăjiturile ies din cuptor, împingeți-le cu o furculiță sau o scobitoare și stropiți peste ele amestecul de lămâie-zahăr.
g) Lăsați prăjiturile să se răcească înainte de a le servi.

83. Mini Éclairs de ciocolată

INGREDIENTE:
PENTRU CHOUX:
- 150 ml (aproximativ 5 uncii) apă
- 60 g (aproximativ 2 uncii) unt
- 75 g (aproximativ 2,5 uncii) făină simplă
- 2 ouă mari

PENTRU Umplutura:
- 200 ml (aproximativ 7 uncii) smântână pentru frișcă
- Ganache de ciocolată (făcut din ciocolată topită și smântână)

INSTRUCȚIUNI:
a) Preîncălziți cuptorul la 200°C (390°F). Tapetați o foaie de copt cu hârtie de copt.
b) Intr-o cratita se incinge apa si untul pana se topeste untul. Se ia de pe foc si se adauga faina. Amestecam energic pana formeaza o bila de aluat.
c) Lăsați aluatul să se răcească puțin, apoi bateți ouăle pe rând până când amestecul este omogen și lucios.
d) Întindeți sau puneți aluatul choux pe tava de copt în forme mici de éclair.
e) Coaceți aproximativ 15-20 de minute sau până când sunt umflate și aurii.
f) După ce s-a răcit, tăiați fiecare éclair în jumătate pe orizontală. Se umple cu frișcă și se stropește cu ganache de ciocolată.

84.Mini prajitura cu nuca de cafea

INGREDIENTE:
Pentru tort:
- 2 oua
- 100 g (aproximativ 3,5 uncii) unt, înmuiat
- 100 g (aproximativ 3,5 uncii) zahăr tos
- 100 g (aproximativ 3,5 uncii) făină auto-crescătoare
- 1 lingura de cafea instant dizolvata in 1 lingura de apa fierbinte
- 50 g (aproximativ 1,75 uncii) nuci tocate

PENTRU GLAURA:
- 100 g (aproximativ 3,5 uncii) unt moale
- 200 g (aproximativ 7 uncii) zahăr pudră
- 1 lingura de cafea instant dizolvata in 1 lingura de apa fierbinte

INSTRUCȚIUNI:
a) Preîncălziți cuptorul la 180°C (350°F). Ungeți și tapetați o formă de mini cupcake sau de tort.
b) Într-un bol de mixare, bate untul și zahărul tos până devine cremos. Adaugam ouale pe rand, amestecand bine dupa fiecare adaugare.
c) Cerneți făina auto-crescătoare și adăugați cafeaua dizolvată. Se amestecă până se combină bine.
d) Se amestecă nucile tocate.
e) Turnați aluatul în mini forma de tort și coaceți aproximativ 12-15 minute sau până când prăjiturile devin aurii.
f) Odată răcit, faceți glazura de cafea amestecând untul înmuiat, zahărul pudră și cafeaua dizolvată.
g) Înghețați mini prăjiturile și decorați cu nucă tocată în plus, dacă doriți.

85. Mini prăjituri de ceai de după-amiază

INGREDIENTE:
PENTRU CEAAIUL:
- 3 linguri pudra de cacao neindulcita
- 1 lingurita de bicarbonat de sodiu
- 1 cană de făină universală
- ½ cană apă fierbinte
- 1 lingurita extract de vanilie
- 3 linguri de unt nesarat, topit
- ⅓ cană nucă de cocos mărunțită
- 1 ou mare
- ½ cană smântână

PENTRU GLAZURI:
- 1 lingura unt nesarat
- 1 cană de zahăr cofetar cernut
- 2 linguri de apa
- ¼ lingurita de scortisoara macinata
- ½ uncie de ciocolată neîndulcită
- 1 lingurita extract de vanilie

INSTRUCȚIUNI:
PENTRU CEAAIUL:
a) Preîncălziți cuptorul la 375 grade F (190 grade C). Tapetați douăsprezece căni de brioșe de 2½ inci cu căptușeală de hârtie.
b) Într-un castron mic, puneți pudra de cacao și amestecați ½ cană de apă de robinet foarte fierbinte pentru a dizolva cacao.
c) Într-un castron mare, combinați untul topit și zahărul. Bateți cu un mixer electric până se omogenizează bine.
d) Adăugați oul și bateți până când amestecul devine ușor și cremos, ceea ce ar trebui să dureze aproximativ 1 până la 2 minute.
e) Se toarnă amestecul de cacao dizolvat și se bate până când aluatul este omogen.
f) Într-un castron mic separat, amestecați smântâna și bicarbonatul de sodiu. Amestecați acest lucru în amestecul de unt, zahăr și cacao.

g) Adăugați făina universală și extractul de vanilie și bateți rapid până când ingredientele sunt amestecate uniform. Se amestecă nuca de cocos măruntită.
h) Turnați aluatul în cupele pentru brioșe, împărțindu-l uniform între ele, umplându-le până la aproximativ trei sferturi.
i) Coaceți aproximativ 20 de minute sau până când vârfurile prăjiturii de ceai se răstoarnă când sunt ușor atinse și o scobitoare introdusă în centru iese curată.
j) Scoateți prăjiturile de ceai din ceștile de brioșe și lăsați-le să se răcească ușor pe un gratar în timp ce pregătiți glazura.

PENTRU GLAJURA DE CIOCOLATA:
k) Într-o cratiță mică, combinați untul cu 2 linguri de apă. Se pune la foc mic, se adauga ciocolata neindulcita si se amesteca pana se topeste ciocolata si amestecul se ingroasa putin. Scoate-l de pe foc.
l) Într-un castron mic, combina zahărul de cofetar cernut și scorțișoara măcinată. Amestecați amestecul de ciocolată topită și extractul de vanilie până obțineți o glazură netedă.
m) Întindeți aproximativ 2 lingurițe de glazură de ciocolată peste fiecare prăjitură de ceai caldă și lăsați-le să se răcească bine.
n) Aceste prăjituri de ceai de după-amiază cu glazura lor de ciocolată cu parfum de scorțișoară sunt un răsfăț încântător de savurat cu ceaiul tău.

86.Mini mușcături de tort de morcovi

INGREDIENTE:
Pentru tort:
- 2 oua
- 100 g (aproximativ 3,5 uncii) ulei vegetal
- 125 g (aproximativ 4,5 uncii) zahăr brun
- 150 g (aproximativ 5,3 uncii) morcovi rasi
- 100 g (aproximativ 3,5 uncii) făină auto-crescătoare
- ½ lingurita de scortisoara macinata
- ½ lingurita de nucsoara macinata
- ½ linguriță extract de vanilie
- O mână de stafide (opțional)

PENTRU GLAURA DE BRÂNZĂ:
- 100 g (aproximativ 3,5 uncii) cremă de brânză
- 50 g (aproximativ 1,75 uncii) unt moale
- 200 g (aproximativ 7 uncii) zahăr pudră
- ½ linguriță extract de vanilie

INSTRUCȚIUNI:
a) Preîncălziți cuptorul la 180°C (350°F). Ungeți și tapetați o formă de mini cupcake sau de tort.
b) Într-un castron, bateți ouăle, uleiul vegetal și zahărul brun până se combină bine.
c) Se adaugă morcovii rasi, făina auto-crescătoare, scorțișoara măcinată, nucșoara măcinată, extractul de vanilie și stafidele (dacă se utilizează).
d) Turnați aluatul în mini forma de tort și coaceți aproximativ 12-15 minute sau până când prăjiturile sunt ferme la atingere și o scobitoare iese curată când sunt introduse.
e) Odată răcit, faceți glazura cu cremă de brânză amestecând împreună crema de brânză, untul înmuiat, zahărul pudră și extractul de vanilie.
f) Înghețați mini prăjiturile cu morcovi cu glazura de brânză.

87.Mini prajituri Red Velvet

INGREDIENTE:
PENTRU TORT
- 2 oua
- 100 g (aproximativ 3,5 uncii) unt, înmuiat
- 150 g (aproximativ 5,3 uncii) zahăr granulat
- 150 g (aproximativ 5,3 uncii) făină universală
- 1 lingura pudra de cacao neindulcita
- ½ lingurita de bicarbonat de sodiu
- ½ linguriță de oțet alb
- ½ linguriță extract de vanilie
- Câteva picături de colorant alimentar roșu
- 125 ml (aproximativ 4,2 uncii) zară

PENTRU GLAURA DE BRÂNZĂ:
- 100 g (aproximativ 3,5 uncii) cremă de brânză
- 50 g (aproximativ 1,75 uncii) unt moale
- 200 g (aproximativ 7 uncii) zahăr pudră
- ½ linguriță extract de vanilie

INSTRUCȚIUNI:
a) Preîncălziți cuptorul la 180°C (350°F). Ungeți și tapetați o formă de mini cupcake sau de tort.
b) Într-un castron, bateți untul și zahărul granulat până devine cremos. Adaugam ouale pe rand, amestecand bine dupa fiecare adaugare.
c) Într-un castron separat, amestecați făina și pudra de cacao.
d) Într-un alt castron mic, combinați zara, extractul de vanilie și colorantul alimentar roșu.
e) Adăugați treptat ingredientele uscate și amestecul de zară la amestecul de unt și zahăr, alternând între cele două, începând și terminând cu ingredientele uscate.
f) Într-un castron mic, amestecați bicarbonatul de sodiu și oțetul alb până când se stinge, apoi amestecați-l rapid în aluatul de tort.
g) Turnați aluatul în mini forma de tort și coaceți aproximativ 12-15 minute sau până când prăjiturile sunt elastice la atingere.
h) Odată răcit, faceți glazura cu cremă de brânză amestecând împreună crema de brânză, untul înmuiat, zahărul pudră și extractul de vanilie.
i) Înghețați mini prăjiturile de catifea roșie cu glazura de brânză.

CROSSANTE

88.Croasante cu pâine și unt cu Toblerone

INGREDIENTE:
- 1 cană smântână de turnat
- 2 linguri de zahar tos
- 1 lingurita extract de vanilie
- 100 g ciocolată cu lapte Toblerone, ruptă în bucăți
- 6 mini croissante Coles Bakery
- 2 oua
- 16 zmeură congelată
- Zahăr pudră, până la praf, opțional

INSTRUCȚIUNI:
a) Preîncălziți cuptorul la 180C/160C forțat cu ventilator. Ungeți patru vase de 250 ml rezistente la cuptor.
b) Bateți smântâna, zahărul tos, vanilia și ouăle într-o cană mare.
c) Tăiați fiecare croissant în jumătate pe orizontală și apoi pe jumătate transversal.
d) Așezați cornurile în preparatele pregătite.
e) Se toarnă peste amestecul de ouă și se lasă deoparte 10 minute la macerat.
f) Puneți ciocolata și zmeura deasupra și între feliile de croissant.
g) Coaceți timp de 25 de minute sau până când devin aurii și se întăresc. Pudrați cu zahăr pudră, dacă doriți.

89. Croissant Toblerone

INGREDIENTE:
- 4 cornuri
- 125 g cremă de brânză tartinabilă Philadelphia
- 100 g ciocolata cu lapte Toblerone, tocata grosier

INSTRUCȚIUNI:
- Tăiați cornurile pe orizontală cu un cuțit ascuțit. Întindeți jumătatea de jos a croissantelor cu Philly.
- Se presara cu Toblerone. Închideți capacul. Înfășurați croissantul în folie.
- Coaceți la 150°C timp de 10 minute sau până se încălzește.

90.Croissant cu Nutella și Banane

INGREDIENTE:
- 1 foaie de aluat foietaj, decongelat
- ¼ cană Nutella
- 1 banană, feliată subțire
- 1 ou, batut
- Zahăr pudră, pentru pudrat

INSTRUCȚIUNI:
a) Preîncălziți cuptorul la 400°F (200°C).
b) Pe o suprafață ușor înfăinată, întindeți foaia de foietaj până la un pătrat de 12 inchi.
c) Tăiați pătratul în 4 pătrate mai mici.
d) Întindeți câte o lingură de Nutella pe fiecare pătrat, lăsând un mic chenar în jurul marginilor.
e) Puneți câteva felii de banană deasupra Nutella.
f) Rulați fiecare pătrat dintr-un colț în colțul opus, formând o formă de croissant.
g) Asezati croissantele pe o tava tapetata cu hartie de copt.
h) Ungeți croissantele cu oul bătut.
i) Coaceți timp de 15-20 de minute, până când cornurile sunt aurii și umflate.
j) Pudrați cu zahăr pudră înainte de servire.

91. S'mores Croissants

INGREDIENTE:
- 1 foaie de aluat foietaj, decongelat
- ¼ cană Nutella
- ¼ cană mini bezele
- ¼ cană firimituri de biscuiți Graham
- 1 ou, batut
- Zahăr pudră, pentru pudrat

INSTRUCȚIUNI:
a) Preîncălziți cuptorul la temperatura indicată pe pachetul de foietaj. De obicei, este în jur de 375 ° F (190 ° C).
b) Pe o suprafață ușor făinată, desfaceți foaia de foietaj dezghețată și întindeți-o ușor pentru a uniformiza grosimea.
c) Folosind un cuțit sau un tăietor de pizza, tăiați aluatul foietaj în triunghiuri. Ar trebui să obțineți în jur de 6-8 triunghiuri, în funcție de dimensiunea pe care o preferați.
d) Întindeți un strat subțire de Nutella pe fiecare triunghi de foietaj, lăsând un mic chenar în jurul marginilor.
e) Presărați firimituri de biscuiți Graham peste stratul de Nutella de pe fiecare triunghi.
f) Puneți câteva mini marshmallows deasupra firimiților de biscuiți graham, distribuindu-le uniform pe triunghi.
g) Pornind de la capătul mai lat al fiecărui triunghi, rulați cu grijă aluatul în sus spre capătul ascuțit, formând o formă de croissant. Asigurați-vă că sigilați marginile pentru a preveni scurgerea umpluturii.
h) Asezati croissantele pregatite pe o tava tapetata cu hartie de copt, lasand putin spatiu intre ele pentru a se extinde in timpul coacerii.
i) Ungeți blatul fiecărui croissant cu oul bătut, care le va da o frumoasă culoare aurie la copt.
j) Coaceți S'mores Croissants în cuptorul preîncălzit pentru aproximativ 15-18 minute sau până când devin aurii și umflați.
k) Odată copți, scoateți croissantele din cuptor și lăsați-le să se răcească puțin pe un grătar.
l) Înainte de servire, pudrați S'mores Croissants cu zahăr pudră, adăugând o notă de dulceață și o notă finală atractivă.
m) Bucurați-vă de delicioasele Croissants S'mores de casă ca un răsfăț delicios pentru micul dejun, desert sau oricând doriți o combinație delicioasă de Nutella, bezele și biscuiți Graham.

92.Sandvișuri cu croissante pentru micul dejun

INGREDIENTE:
- 1 lingura ulei de masline
- 4 oua mari, batute usor
- Sare kosher și piper negru proaspăt măcinat, după gust
- 8 mini cornuri, tăiate la jumătate pe orizontală
- 4 uncii șuncă feliată subțire
- 4 felii de brânză cheddar, tăiate la jumătate

INSTRUCȚIUNI:

a) Încinge uleiul de măsline într-o tigaie mare la foc mediu-mare. Adăugați ouăle și gătiți, amestecând ușor cu o spatulă de silicon sau termorezistentă, până când încep să se întărească; se asezoneaza cu sare si piper. Continuați să gătiți până când se îngroașă și nu mai rămâne niciun ou lichid vizibil timp de 3 până la 5 minute.

b) Umpleți croissantele cu ouă, șuncă și brânză pentru a face 8 sandvișuri. Înfășurați bine în folie de plastic și congelați până la 1 lună.

c) Pentru a reîncălzi, îndepărtați folia de plastic dintr-un sandviș congelat și înfășurați-o într-un prosop de hârtie. Pune la microunde, răsturnând la jumătate, timp de 1 până la 2 minute, până când se încălzește complet.

93.Croissant clasic de bacon, ou și brânză

INGREDIENTE:
- 2 croissante mari
- 4 felii de bacon
- 2 ouă mari
- 2 felii de brânză cheddar
- 2 linguri de unt nesarat
- Sare si piper, dupa gust

INSTRUCȚIUNI:
a) Preîncălziți cuptorul la 350°F.
b) Gatiti baconul intr-o tigaie la foc mediu pana devine crocant. Scoateți din tavă și scurgeți-l pe o farfurie tapetată cu un prosop de hârtie.
c) Spargeți ouăle într-un castron mic și bateți cu o furculiță până se amestecă.
d) Într-o tigaie antiaderentă, topește 1 lingură de unt la foc mediu-mic. Adăugați ouăle și gătiți, amestecând din când în când, până când sunt amestecate și fierte. Se condimenteaza cu sare si piper, dupa gust.
e) Tăiați cornurile în jumătate pe lungime și puneți-le pe o tavă de copt.
f) Adăugați o felie de brânză cheddar la jumătate din fiecare croissant.
g) Acoperiți brânza cu 2 felii de slănină și o linguriță de ouă omletă.
h) Închideți croissantul cu cealaltă jumătate și ungeți blaturile cu lingura de unt rămasă.
i) Coaceți în cuptorul preîncălzit timp de 5-7 minute, sau până când brânza se topește și cornurile sunt încălzite.
j) Servește fierbinte și bucură-te de deliciosul tău croissant de bacon, ou și brânză!

94. Chifle lipicioase cu portocale, migdale

INGREDIENTE:
PENTRU Umplutura de chifle lipicioase:
- ½ cană unt nesărat, înmuiat
- ½ cană zahăr granulat
- ½ cană zahăr brun deschis
- ¼ cană miere
- ½ lingurita sare
- 1 lingurita extract de vanilie
- ½ linguriță extract de migdale
- ½ cană de migdale feliate
- 2 linguri coaja de portocala

PENTRU ALUAT DE CROSANT:
- 1 kg aluat de croissant
- Făină pentru praf

INSTRUCȚIUNI:
a) Preîncălziți cuptorul la 375°F.
b) Într-un castron mediu, bateți untul înmuiat, zahărul granulat, zahărul brun deschis, mierea, sarea, extractul de vanilie și extractul de migdale până la omogenizare.
c) Se amestecă migdalele feliate și coaja de portocală.
d) Pe o suprafață ușor înfăinată, întindeți aluatul pentru croissant într-un dreptunghi mare, de aproximativ ¼ inch grosime.
e) Întindeți uniform umplutura de chiflă lipicioasă peste aluatul de croissant.
f) Începând din partea lungă, rulați aluatul strâns într-un buștean.
g) Folosind un cuțit ascuțit, tăiați bușteanul în 12 bucăți egale.
h) Puneți bucățile, tăiate în sus, într-o tavă pătrată de copt de 9 inci unsă.
i) Coaceți timp de 25-30 de minute, sau până când chiflele sunt aurii și umplutura este spumoasă.
j) Scoatem din cuptor si lasam sa se raceasca 5-10 minute.
k) Răsturnați chiflele lipicioase pe un platou mare de servire.
l) Serviți cald și bucurați-vă de delicioasele chifle lipicioase cu croissant cu portocale și migdale!

95. Croissant cu fistic

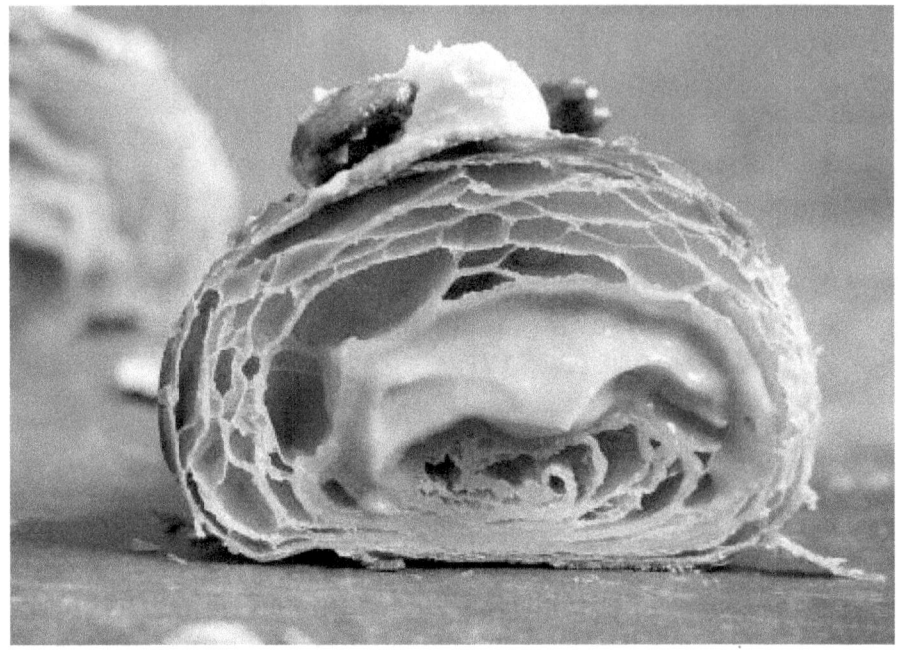

INGREDIENTE:
- Aluat de bază pentru croissant
- 1 cană fistic, tocat
- ¼ cană zahăr granulat
- ¼ cană unt nesărat, înmuiat
- 1 ou batut cu 1 lingura de apa

INSTRUCȚIUNI:
a) Întindeți aluatul pentru croissant într-un dreptunghi mare.
b) Tăiați aluatul în triunghiuri.
c) Într-un castron, combinați fisticul tocat, zahărul și untul înmuiat.
d) Întindeți amestecul de fistic pe jumătatea inferioară a fiecărui croissant.
e) Înlocuiți jumătatea superioară a croissantului și apăsați ușor.
f) Așezați cornurile pe o tavă de copt tapetată, ungeți cu spălat de ou și lăsați să crească timp de 1 oră.
g) Preîncălziți cuptorul la 400°F (200°C) și coaceți cornurile timp de 20-25 de minute până când se rumenesc.

96.Croissant cu ciocolata cu alune

INGREDIENTE:
- Aluat de bază pentru croissant
- ½ cana alune de padure, tocate
- ½ cană chipsuri de ciocolată
- ¼ cană zahăr granulat
- ¼ cană unt nesărat, înmuiat
- 1 ou batut cu 1 lingura de apa

INSTRUCȚIUNI:
a) Întindeți aluatul pentru croissant într-un dreptunghi mare.
b) Tăiați aluatul în triunghiuri.
c) Într-un castron, combinați alunele tocate, fulgii de ciocolată, zahărul și untul moale.
d) Întindeți amestecul de ciocolată cu alune pe jumătatea inferioară a fiecărui croissant.
e) Înlocuiți jumătatea superioară a croissantului și apăsați ușor.
f) Așezați cornurile pe o tavă de copt tapetată, ungeți cu spălat de ou și lăsați să crească timp de 1 oră.
g) Preîncălziți cuptorul la 400°F (200°C) și coaceți cornurile timp de 20-25 de minute până când se rumenesc.

97.Croissant cu zmeură

INGREDIENTE:
- Aluat de bază pentru croissant
- 1 cană zmeură proaspătă
- ¼ cană zahăr granulat
- 1 ou batut cu 1 lingura de apa

INSTRUCȚIUNI:
a) Întindeți aluatul pentru croissant într-un dreptunghi mare.
b) Tăiați aluatul în triunghiuri.
c) Puneți zmeura proaspătă pe fiecare croissant.
d) Presărați zahăr granulat peste zmeură.
e) Rulați fiecare triunghi în sus, începând de la capătul larg și modelați-l într-o semilună.
f) Pune croasanele pe o tava tapetata si lasa la crescut 1 ora.
g) Preîncălziți cuptorul la 400°F (200°C) și coaceți cornurile timp de 20-25 de minute până când se rumenesc.

98.Croissant cu piersici

INGREDIENTE:
- Aluat de bază pentru croissant
- 2 piersici coapte, curatate de coaja si taiate cubulete
- ¼ cană zahăr granulat
- ½ lingurita de scortisoara macinata
- 1 ou batut cu 1 lingura de apa

INSTRUCȚIUNI:
a) Întindeți aluatul pentru croissant într-un dreptunghi mare.
b) Într-un castron mic, amestecați piersicile tăiate cubulețe, zahărul și scorțișoara.
c) Întindeți uniform amestecul de piersici pe suprafața aluatului.
d) Tăiați aluatul în triunghiuri.
e) Rulați fiecare triunghi în formă de croissant.
f) Așezați cornurile pe o tavă de copt tapetată, ungeți cu spălat de ou și lăsați să crească timp de 1 oră.
g) Preîncălziți cuptorul la 400°F (200°C) și coaceți cornurile timp de 20-25 de minute până când se rumenesc.

99.Croissant cu capsuni acoperite cu ciocolata

INGREDIENTE:
- 6 cornuri
- ½ cană gem de căpșuni
- ½ cană chipsuri de ciocolată semidulce
- 1 lingura unt nesarat
- ¼ cană smântână groasă
- Căpșuni proaspete, feliate (opțional)

INSTRUCȚIUNI:
a) Preîncălziți cuptorul la 375°F.
b) Tăiați fiecare croissant în jumătate pe lungime.
c) Întindeți 1-2 linguri de dulceață de căpșuni pe jumătatea inferioară a fiecărui croissant.
d) Înlocuiți jumătatea superioară a fiecărui croissant și puneți-le pe o tavă de copt.
e) Coaceți timp de 10-12 minute, sau până când cornurile sunt ușor aurii.
f) Într-o cratiță mică, topește fulgii de ciocolată, untul și smântâna groasă la foc mic, amestecând constant, până se omogenizează.
g) Scoateți croissantele din cuptor și lăsați-le să se răcească câteva minute.
h) Înmuiați vârful fiecărui croissant în amestecul de ciocolată, lăsând excesul să se scurgă.
i) Puneți cornurile acoperite cu ciocolată pe un grătar pentru a se răci și a se întări.
j) Opțional: Acoperiți cu felii de căpșuni proaspete înainte de servire.

100. Croissante din turtă dulce

INGREDIENTE:
- Aluat de bază pentru croissant
- 2 lingurițe de ghimbir măcinat
- 1 lingurita scortisoara macinata
- ¼ linguriță cuișoare măcinate
- ¼ lingurita de nucsoara macinata
- ½ cană unt nesărat, topit
- ¼ cană melasă
- 1 ou batut cu 1 lingura de apa

INSTRUCȚIUNI:
a) Întindeți aluatul pentru croissant într-un dreptunghi mare.
b) Într-un castron mic, amestecați ghimbirul măcinat, scorțișoara măcinată, cuișoarele măcinate, nucșoară măcinată, untul topit și melasa.
c) Ungeți amestecul de turtă dulce pe suprafața aluatului.
d) Tăiați aluatul în triunghiuri.
e) Rulați fiecare triunghi în formă de croissant.
f) Așezați cornurile pe o tavă de copt tapetată, ungeți cu spălat de ou și lăsați să crească timp de 1 oră.
g) Preîncălziți cuptorul la 400°F (200°C) și coaceți cornurile timp de 20-25 de minute până când se rumenesc.

CONCLUZIE

Pe măsură ce ajungem la sfârșitul „CARTEA ULTIMEI DE BUCUTURI DE DIMINATEA", sperăm că ți-a plăcut să explorezi marea varietate de rețete și să descoperi noi favorite pe care să le adaugi la rutina ta de dimineață. Indiferent dacă preferați deliciile dulci sau sărate, există câte ceva pentru toată lumea în aceste pagini.

Vă încurajăm să experimentați cu diferite arome, ingrediente și tehnici pentru a vă crea aceste rețete. La urma urmei, gătitul este atât de mult despre creativitate și explorare cât este despre respectarea instrucțiunilor. Așa că nu vă fie teamă să vă îndreptați aceste rețete și să le adaptați preferințelor dvs. de gust.

Pe măsură ce vă continuați călătoria culinară, sperăm că veți prețui momentele petrecute în bucătărie, aromele care vă umplu casa și bucuria de a împărtăși mâncare delicioasă cu cei dragi. Amintiți-vă, diminețile sunt un moment pentru reînnoire și hrănire și nu există o modalitate mai bună de a vă începe ziua decât cu un răsfăț de casă făcut cu dragoste.

Vă mulțumim că ne-ați alăturat în această aventură delicioasă. Fie ca diminețile tale să fie pline de căldură, râsete și, desigur, o mulțime de delicii delicioase. Coacerea fericită!

www.ingramcontent.com/pod-product-compliance
Lightning Source LLC
Chambersburg PA
CBHW050020130526
44590CB00042B/1040